Título original: *Barcelona fantasma* de Ramón de España

© 2022, del texto: Ramón de España
© 2022, del texto: Crónica Global
© 2022, del prólogo: Javier Cercas
© 2022, de esta edición: Vegueta Ediciones, S.L.
Roger de Llúria, 82, principal 1ª
08009 Barcelona
www.veguetaediciones.com
info@veguetaediciones.com

Dirección editorial: **Eva Moll de Alba**
Dirección de arte: **Sònia Estévez**
Ilustraciones: **Sònia Estévez**

Primera edición: enero de 2022
Segunda edición: mayo de 2022
ISBN: 978-84-17137-81-6
Depósito Legal: B 19874-2021
IBIC: WQH
Impreso y encuadernado en España

Ramón de España

BARCELONA FANTASMA

Personas y lugares que ya no existen

Prólogo de
Javier Cercas

Vegueta 🏠 Ediciones

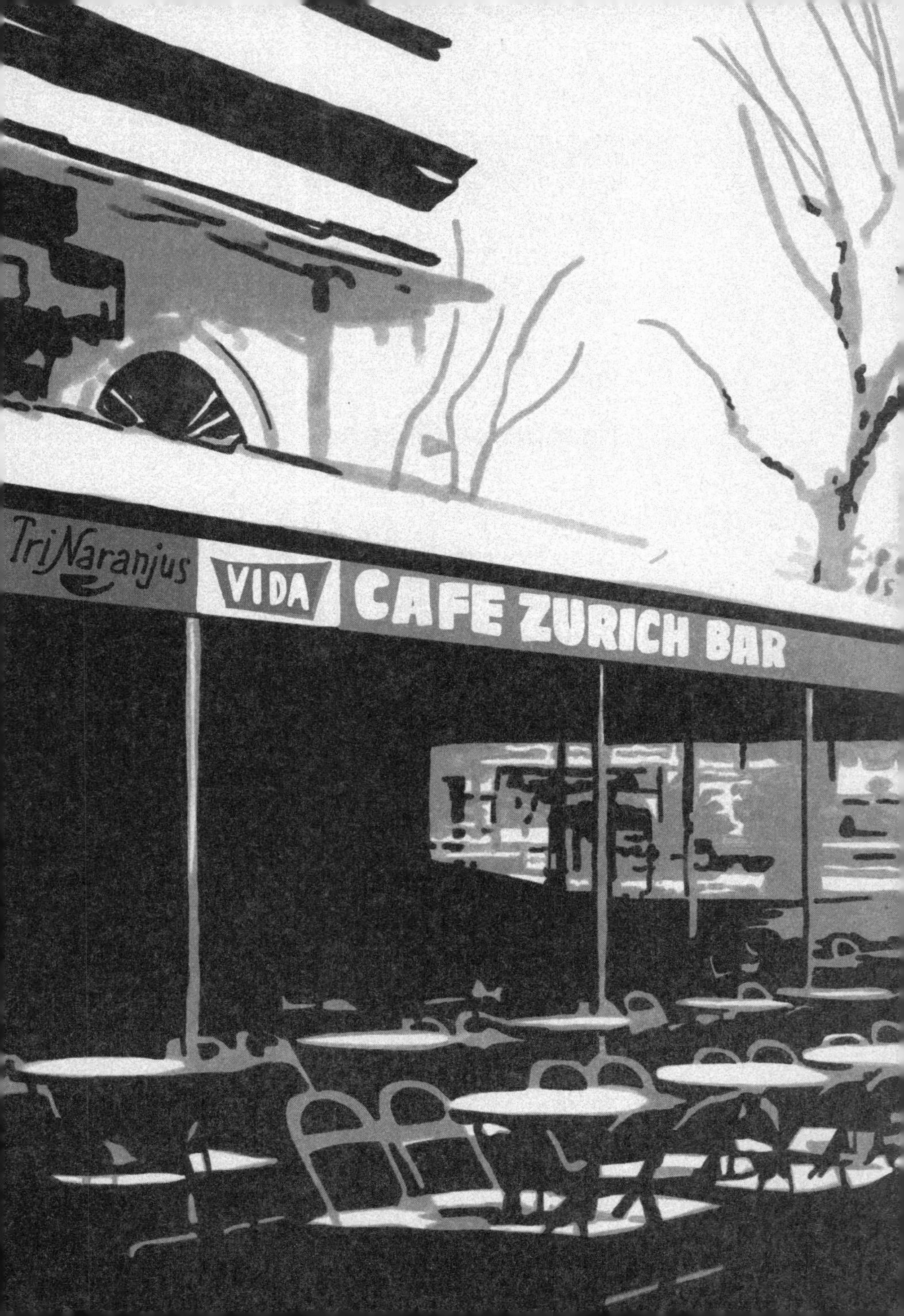
TriNaranjus
VIDA
CAFE ZURICH BAR

Ramón de España (Barcelona, 1956) ha publicado cerca de treinta libros, entre novelas, ensayos y novelas gráficas con diversos dibujantes. En 2004 estrenó su primera película como guionista y director, *Haz conmigo lo que quieras*, nominada al Goya al mejor realizador novel, y aún no pierde la esperanza de levantar la segunda. Presencia habitual en la prensa española desde los años de la Transición, pasó del *underground* y las revistas de cómics a *El País* y *El Periódico de Catalunya*. Actualmente ejerce de columnista del diario digital *Crónica Global*, en cuyo suplemento cultural, *Letra Global*, se publicó por entregas este libro.

ÍNDICE

A principios del verano de 1940, mientras el Ejército alemán avanzaba por Bélgica sin hallar apenas resistencia, los nazis apresaron a P. G. Wodehouse, que había pasado el principio de la guerra en su casa de Le Touquet y que no parecía haberse enterado del peligro que corría. Mientras se lo llevaban preso —lo cuenta George Orwell, devoto del escritor inglés—, se dice que Wodehouse declaró: «Después de esto, quizá debería escribir un libro serio». Por fortuna, no lo hizo y siguió siendo fiel hasta el final de sus días a la heroica promesa que se hizo de joven: la de no escribir una sola palabra en serio.

Yo no sé si Ramón de España se habrá hecho de joven una promesa semejante, pero no me parece raro que algunos de sus lectores tengamos a menudo esa impresión (y no solo porque De España también sea un admirador confeso de Wodehouse). Pese a ello, y contra lo que pudiera parecer, De España no es esencialmente un humorista (en eso se diferencia de Wodehouse); lo que ocurre es que es incapaz de concebir la literatura sin humor o, como mínimo, sin ironía: la escritura de De España parte de una conciencia arraigadísima de que no hay nada más serio que la risa, de que el humor es un instrumento privilegiado de conocimiento y de que, sin él, no existe posibilidad alguna de vida inteligente; mucho más cercano a Cervantes que a Quevedo, De España no se ríe de la gente

(aunque a veces pueda parecerlo): se ríe con la gente y, sobre todo, se ríe del propio De España, como si albergara la convicción de que nadie tiene derecho a reírse de nada si previamente no es capaz de reírse de sí mismo, o de que el humor bien entendido empieza por uno mismo. Por ahí, el inflexible desenfado de De España empieza a revelar su verdadero rostro, que no es solo el de una toma de posición intelectual, sino también, o sobre todo, el de una actitud moral: De España es absolutamente alérgico a la solemnidad, a la pomposidad, a las falsas pretensiones, y su prosa rockera, despeinada y gamberra parece por momentos un mecanismo ideado para desactivar las trampas de la impostura, como si tuviera por divisa aquella frase memorable de La Rochefoucauld que Lawrence Sterne o un personaje de Lawrence Sterne repitió en *Tristram Shandy*, y que me gusta traducir así: «La seriedad es la máscara que se pone el cuerpo para ocultar la putrefacción del espíritu». Dicho esto, tal vez cabría esperar que estas páginas, cuyo tema es para su autor casi tan dramático como lo fue para Wodehouse el episodio de su detención por los nazis, compusieran un libro serio; por fortuna, no es así.
O no del todo.

De España define lo que sigue como «una autobiografía por capítulos» y como «una crónica sobre cadáveres gloriosos y sitios que ya no existen». Ambas descripciones, que parecen contradictorias, son en realidad complementarias; también son exactas. *Barcelona fantasma* recoge una serie de textos publicados durante los últimos años en el diario *Crónica Global* y contiene tres crónicas entrelazadas o superpuestas. La primera es la de una ciudad extinguida: la Barcelona de los años setenta y ochenta, la que nace con los estertores del franquismo, conoce su plenitud con la Transición y los primeros años de la democracia, su agonía o el inicio de su agonía con las Olimpiadas y su muerte y enterramiento con el Procés, la ciudad libérrima y desobediente de Sisa, Gato Pérez o Carles Flavià (pero también de Bigas Luna o El Perich), la Barcelona nocturna, melómana y etílica de Zeleste, el Salón Cibeles, Boliche, Bikini y Zigzag (pero también del crepúsculo de Bocaccio), la ciudad *underground*, anarcoide, alternativa y medio punk de *Star*, *Ajoblanco*, *Disco Exprés* o *El Rrollo enmascarado* (pero también de Juan Marsé y Jaume Vallcorba), una metrópolis culta y abigarrada de cines, librerías, discotecas, bares (sobre todo, bares), salas de conciertos, *drugstores* y galerías comerciales: todos o casi todos espacios o gentes de un lugar enérgico, hospitalario y pujante que ya solo vive en los documentos de época, los libros de historia y el recuerdo ajado de quienes lo conocieron.

La segunda crónica que contiene este libro es la de una generación. Se trata, por supuesto, de la generación del propio De España, la que siguió a la de la llamada *gauche divine*, con la que previsiblemente se enfrentó en su juventud y con la que, no menos previsiblemente, se reconcilió en su madurez: la misma generación que en pocos años pasó del deslumbramiento por París al deslumbramiento por Nueva York, del afrancesamiento a la anglofilia, de la *chanson* al *rock and roll*, de la reverencia por la alta cultura a la vindicación de la cultura pop, una generación que, a diferencia de la *gauche divine*, que militó en el compromiso antifranquista, quizá solo se ha politizado del todo con el Procés, cuando descubrió ya muy tarde y a sus expensas, con una mezcla de perplejidad resignada y burlona desolación, que, si no haces tú la política, te la hacen. Esta crónica generacional contiene algunas de las mejores páginas del libro, y por ella desfila una variopinta galería de tipos memorables —suicidas, alcohólicos, drogadictos, músicos fugaces, cineastas o escritores frustrados, excéntricos sin remisión—, algunos más o menos conocidos, muchos anónimos u olvidados, todos descritos con afecto melancólico, todos unidos por un arrebato juvenil de insumisión y una paradójica obediencia a uno de los lemas de la época, aquella frase feliz que escribió Willard Motley y popularizó Humphrey Bogart en una película también olvidada: vive rápido, muere joven y deja un cadáver bonito.

Pero la crónica más relevante que contiene este libro es también la más secreta, y la más íntima. Oscar Wilde observó que la crítica literaria es la única forma decente de autobiografía que existe; por su parte, Ramón De España parece pensar que la única forma decente de autobiografía es la crónica periodística: es decir, que la única forma decente de hablar de uno mismo consiste en no hablar de uno mismo sino de los otros. Sea o no verdad esto, lo cierto es que, por debajo o por encima del retrato de la Barcelona que pinta De España, lo que más destaca en este libro es el retrato del propio De España. Quiero decir que *Barcelona fantasma* puede o incluso debe leerse como un autorretrato: un autorretrato descaradamente subjetivo y militantemente personal, pero también un autorretrato paradójicamente pudoroso, como si De España hubiera interiorizado aquel aforismo de Nietzsche según el cual «hablar mucho de uno mismo es la mejor forma de ocultarse». Hablando de Barcelona y de los conocidos de la Barcelona de su juventud, De España habla sin parar de sí mismo, pero al final casi lo único que conocemos a ciencia cierta de él es a ese personaje que a lo largo de los años ha construido con su escritura, un personaje que también se llama Ramón de España y que se parece y a la vez no se parece al Ramón de España de carne y hueso, ese tipo que protege tras una muralla erizada de cultura y de sarcasmos al hombre leal, entrañable, solitario, dicharachero y a la vez un poco hermético que solo conocen sus amigos.

Por lo demás, el Ramón de España que se transparenta en *Barcelona fantasma* también es un personaje póstumo, como todos o casi todos los de este libro, o así parece querer presentarse, un poco al modo en que lo hace el Gil de Biedma póstumo de los poemas crepusculares de Gil de Biedma. Antes he hablado de melancolía, y me parece que es el sentimiento soterrado que domina este libro, un sentimiento que no es incompatible con el humor, pero lo tiñe de una pátina elegíaca. Si no me engaño, el Ramón de España de carne y hueso nunca reconocería que siente nostalgia de aquella Barcelona y de sus habitantes, empezando por él mismo; pero es evidente que el Ramón de España que habita *Barcelona fantasma* la siente (y por eso yo creo que este Ramón de España es más real que el Ramón de España real). Lo curioso es que, mientras leía estas páginas, yo también he sentido una nostalgia parecida, y eso que apenas conocí aquella Barcelona, o solo la conocí de refilón. No se me ocurre mejor elogio para ellas.

1

LA CIUDAD DE AYER

Todas las ciudades viejas están hechas a capas. Agarras pico y pala y aparecen estratos de épocas pasadas. En las ciudades normales, a no ser que el hallazgo arqueológico sea de campanillas, no se hace el menor caso y se construye encima. En Barcelona, como todos sabemos, descubrimos unas ruinillas de principios del XVIII y nos quedamos sin la gran biblioteca que nos habían prometido los políticos porque había que fabricar en torno a esas ruinillas un monumento al victimismo y al gimoteo inducidos por el maltrato que los españoles, esos íncubos, nos han administrado desde siempre. Para colmo, al cabo de unos años, agarramos al perturbado mental que se encargaba de la conservación de los pedruscos y lo pusimos al frente de la Generalitat. Pero esa ya es otra historia...

A mí me interesa más la arqueología mental, concretamente la basada en mis propios recuerdos. De ahí esta sección que empieza hoy y que versará sobre la Barcelona de ayer. No la de anteayer, ni la del siglo XVIII, sino la de hace unos años, los de mi juventud, cuando algunos creíamos que la Barcelona del futuro no iba a tener nada que ver con la que nos han acabado endilgando los nacionalistas. Se trata, lógicamente, de una ciudad fantasma, de un lugar que ya no existe más que en la memoria de algunos. Así pues, desfilarán por aquí bares, cines, locales y sitios que han

cedido su lugar a nuevas iniciativas. Y muertos, personas que
ya solo viven en mis recuerdos y que contribuyeron a hacer de
mi ciudad un lugar mejor y a los que se podría decir lo mismo
que decían María Jiménez y el Lichis en su canción «La lista de
la compra»: «Tú, te quedas a mi lado, y el mundo me parece más
amable, más humano, menos raro».

Evidentemente, se trata de no confundir la nostalgia con la ne-
crofilia, y no faltarán sitios muertos que bien muertos están. Pero
se impondrán aquellos que le alegraron a uno la vida, como las
personas que contribuyeron a lo mismo. De hecho, esto es una
especie de autobiografía por capítulos que incluyen lugares y personas y en la que el autor aparecerá siempre en un rincón de la
foto, cediendo la mayoría del espacio al elenco —o compañía es-
table— que compartió con él una época y un lugar. Y nostalgia, la
justa. Sin dramatismos baratos de carcamal que ya no reconoce la
ciudad que le vio nacer. El tono —quedan avisados— será inevitablemente agridulce, en la línea del Dominick Dunne que alumbró
libros sobre Los Ángeles como *The way we lived then* o *Another
city, not my own*. Con la lógica salvedad de que esto no es Los
Ángeles (ni Hawái, qué guay).

Empezaremos la semana que viene con Zeleste, el templo
laico en el que pasé tantas noches y cuyos supervivientes recor-
darán con agrado, aunque el entorno humano siempre fue más
estimulante que la música que sonaba. Los que echen de menos
la sección Manicomio Barcelonés —si es que hay alguien en esa
tesitura— la encontrarán a partir de este miércoles en el diario
online Metrópoli Abierta, donde, ya puestos, se pueden quedar
un ratito y averiguarlo todo sobre la Barcelona de ahorita mismo, que puede que para mí sea *another city, not my own*, pero la
sigo queriendo. A mi manera.

2

CUALQUIER NOCHE
PODÍA SALIR EL SOL

Lo mejor era llegar cuando ya había terminado el concierto de la noche, pues Zeleste era un local tremendamente divertido que programaba una música aburridísima, aunque muy del agrado del propietario y fundador, Víctor Jou, un tipo encantador y extremadamente tranquilo, como si siempre llevara encima una buena ración de Valium. Cuando me lo presentaron, no paró de bostezar en todo el rato que estuvimos hablando, lo cual me hizo pensar que igual mi presencia le aburría mortalmente, pero luego fui informado de que el bostezo formaba parte de su manera de comunicarse. También le gustaba la pesca, que es algo que dice mucho de un hombre: algunas veces, en Cadaqués, lo había visto sentado en un pedrusco con la caña en el mar y la vista en el horizonte, más solo que la una y con expresión meditabunda. Evidentemente, ni se me ocurrió acercarme a saludarle, por mucho afecto que le tuviera.

A Víctor le gustaban el *jazz* y sus derivados. De ahí que la llamada Onda Layetana estuviese compuesta principalmente de grupos criados a base de Miles Davis y Weather Report, que, aunque a mí me aburrían a muerte, llegaron a tener cierto seguimiento. De todos modos, uno prefería a los excéntricos que se subían al escenario del local de la calle Platería, número 65 —ahora hay

una tienda de Desigual, esa marca de ropa ideal para concursantes de Gran Hermano: *sic transit gloria mundi*–, gente como Jaume Sisa, Ia & Batiste, Pau Riba, La Voss del Trópico o la Orquestra
Platería. En caso de duda, como decía al principio, mejor aparecer
después del concierto.

Sisa me comentó una vez que había pasado toda su juventud
en Zeleste, ya fuese actuando o de farra. O sea, que entre 1973,
año de la inauguración, y 1987, año del traslado, finalmente rui-
noso, al Poble Nou, nuestro hombre encontró allí un hogar lejos
del hogar. No fue el único. Durante todos esos años, Zeleste era
una parada obligatoria para el noctámbulo. Si tenías suerte, podías toparte en la barra con la pandilla de dipsómanos que componían Sisa, Gato Pérez, La Voss —que se llamaba Jordi Farràs—
y Carles Flavià, especialista en unos monólogos hilarantes para
cuatro gatos que siempre me parecieron mejores que los que lar-
gaba en su época de humorista profesional. Ahí solían estar los
cuatro amigotes, ebrios de soledad, como los retrató Gato en una
de sus canciones: ahora Sisa es el único superviviente y ya no nos
vemos en las barras, sino en un restaurante de menú algún jueves
a mediodía, que es el día de la paella.

Mi agradecimiento a Víctor Jou —y a su segundo de a bordo,
Rafael Moll, rebautizado por La Voss como «El Molleras»— será
eterno. Nos proporcionó a muchos un club social en una ciudad
en la que no se estilan los clubs privados y reinventó el barrio
de La Ribera como zona de ocio para los locales, antes de que se
convirtiese en el parque temático para guiris que es en la actualidad, donde una tienda de Desigual es prácticamente de rigor.
Lo hizo a su manera. Sin dejar de bostezar. Con aspecto de haberse excedido con el Valium. Pero con una voluntad de hierro que
hasta le llevó a crear una escuela de música aburrida, de esa que a
él le gustaba y que yo esquivaba como la peste. Cuando abandonó

Zeleste, me dijeron que había vuelto a su oficio de aparejador. El Molleras se colocó en la editorial Planeta y siguió produciendo discos. Los parroquianos nos hicimos mayores: unos dejamos la bebida y las drogas, otros murieron en el cumplimiento del beber. Lo habitual. Lo de siempre. Como cantaba Sisa, y el paso de los años solo deja un recuerdo.

3

LOS BAILES SELECTOS
DEL SALÓN CIBELES

A finales de los años setenta del pasado siglo, dos artistas barceloneses en busca de un suplemento semanal a sus magros ingresos —el pintor Manel Valls y el conceptual Carlos Pazos— tuvieron la brillante idea de alquilar los fines de semana el Salón Cibeles, un vetusto *dancing* de la calle Córcega, para organizar unos bailes retro en los que la gente pudiera emborracharse con cierto estilo. Como amigo de los organizadores, uno podía beber gratis y, con lo que yo bebía en esa época, les aseguro que se agradecía muchísimo el ahorro.

La cosa se convirtió en un éxito de manera casi inmediata: era la época en que la bebida, que nunca había pasado de moda, intentaba imponerse o coexistir con el hachís y otras drogas que tomaban los jóvenes para distinguirse de las generaciones que les habían precedido. Pazos era un *dandy*, fan de Bryan Ferry y David Bowie, que aspiraba a disponer de un espacio en el que se sintiera como el gran Gatsby en su mansión de los Hamptons: nunca bailaba, limitándose a observar al personal desde un palco y con cara de estar perdido en sus propias ensoñaciones. Manel, siempre un hombre práctico, se conformaba con ganar dinero mientras lo perdía invitando a copas a los amigos, pero también le encantaba ejercer de simpático anfitrión de una casa que no era suya.

Durante los pocos años que duró la experiencia, algunos nos pasamos los fines de semana en el Salón Cibeles, bebiendo, hablando, bailando (en general, las chicas; los responsables siempre disponían de algún amigo gay que sacara a bailar a sus novias sin peligro de que les tocaran el culo), elaborando planes profesionales imposibles que de noche parecían muy razonables, escuchando a Ricardo Solfa —que era el *alter ego* lechuguino de Jaume Sisa—, a la orquesta del cubano Raúl del Castillo (sin perder de vista a su hija, belleza caribeña de mucho fuste), a La Voss del Trópico —que siempre saludaba a Juanjo Fernández, director del *Star*, con la frase «Hombre, si está aquí el *star* por casa», que a mi jefe no le hacía puñetera gracia— o al bongosero Ramoncito, un negro enorme del que se decía que controlaba a un par de furcias del Barrio Chino y que nunca salía de casa sin la navaja en el calcetín, por lo que resultaba aconsejable llevarse bien con él.

Acabada la velada, Manel y Carlos, con los bolsillos literalmente llenos de billetes, se nos llevaban a los íntimos a otra parte para continuar la farra. Solíamos acabar en Bocaccio, ya iniciando su decadencia. Y en una de esas visitas, Manel cometió el error de confiarme un fajo de billetes que yo —era la época punk, no lo olvidemos— arrojé al techo y me quedé viendo cómo se desparramaban por el suelo. De hecho, no recuerdo este bromazo, pero Manel y Carlos me lo han recordado varias veces desde entonces, incluyendo cómo tuvieron que arrojarse al suelo a cuatro patas para recuperar los *monises*.

El sueño a lo Gatsby de Carlos, todo hay que decirlo, no duró mucho. En pocos meses, en el Cibeles ya no había *dress code* ni hostias, abundaban los tipos sudorosos en camiseta, las gordas con pelo en el sobaco y los camareros se sacaban un sobresueldo con el alcohol de garrafón que metían de matute en las botellas de

Gordon's. La noche en que un paralítico melenudo y en *samarreta* se lanzó a bailar con su silla de ruedas en la pista, el pobre Pazos —que no tenía nada contra los paralíticos, pero ustedes ya me entienden— archivó el concepto de borrachera elegante y se conformó con ir cobrando hasta que la cosa pasara de moda.

Durante unos pocos años, los viernes por la noche no hacía falta llamar a los amigos porque sabías que te los encontrarías en Cibeles. Entrabas allí sabiendo que te esperaban tres o cuatro horas de risa de la buena, pero también de conversaciones profundas con Carlos y de proyectos cinematográficos irrealizables con Manel y de conatos de ligue con muchachas embutidas en vestidos preciosos que se malograban por exceso de alcohol (¿cómo vas a seducir a alguien a la que le acabas de vaciar el vaso en el zapato sin darte cuenta?).

Se acabaron los bailes selectos y el Cibeles sobrevivió unos cuantos años más con su clientela habitual, las parejas de la tercera edad. Hasta que un día el local pasó a mejor vida, puede que junto a sus provectos visitantes.

4

EL DESCACHARRANTE
MOSÉN FLAVIÀ

Se cumplen tres años de la muerte de Carles Flavià y sus amigos más íntimos, que atienden colectivamente por Las Viudas, publican una sentida y humorística necrológica en la prensa barcelonesa que le habría encantado al difunto, pero que no supera —es imposible— la que mosén Flavià redactó para sí mismo cuando fue plenamente consciente de que se había acabado lo que se daba: en letras grandes, ponía *CAPRI C'EST FINI*, y luego venían unas hilarantes explicaciones acerca de que a él no nos lo íbamos a cruzar por la calle en silla de ruedas junto a su cuidador peruano. No sé si a esas alturas del curso Carles aún creía en la vida eterna, pero lo de *CAPRI C'EST FINI* me lleva a pensar que no.

Conocí a Carles Flavià a finales de los años setenta. Me lo presentó nuestro común amigo Jaume Sisa. Me convertí rápidamente en un consumidor fiel de sus monólogos en la barra de Zeleste, que tan útiles le serían como entrenamiento cuando se consagrara a la *stand up comedy*. Me lo fui cruzando a lo largo de los años, pero el momento compartido que mejor recuerdo es el de aquella mañana de los tiempos de la Transición en la que, tras pasar la noche en blanco —con Sisa y una simpática dipsómana británica a la que no se le entendía muy bien ni en inglés ni en español—, acabamos en la prestigiosa bodega del Eixample Hermanos Nájera chupando cervezas. Yo no sabía que Flavià era cura —nada en su actitud de perdulario apuntaba en esa dirección—, pero resulta que lo era y que esa mañana se le esperaba en una iglesia de Hospitalet para celebrar la santa misa. Siempre solidarios, el Sisa, la británica y yo nos embutimos en un taxi para presenciar la *performance* eclesiástica de nuestro amigo, que prometía ser de traca, como así fue.

Pese a la torrija que llevaba, hay que decir que mosén Flavià soltó un sermón muy sentido sobre las injusticias de este mundo y los feligreses no parecieron percatarse del estado en que se encontraba. En primera fila, sus tres compañeros de aventuras le veíamos perder el hilo, recuperarlo, saltar de un tema a otro y, finalmente, bendecir a los allí presentes sin que estos lo lincharan. Luego seguimos bebiendo y yo me retiré después de comer porque ya no podía con mi alma: los dejé a los tres en la mesa, ahítos de paella y pidiendo unos licores digestivos.

Flavià venía del mundo de los curas obreros. Amigo del padre Manel, se entregaba a los pobres a su manera, cuidándose de que siempre le quedara tiempo para hacer el ganso, que era lo que más le gustaba en el mundo. Protegido por monseñor Jubany, el hombre resistió en la Santa Madre Iglesia todo lo que pudo —cada vez que le caía una bronca porque había sido visto bebiendo y con mujeres, argumentaba que un buen sacerdote debe conocer el pecado para combatirlo mejor—, hasta que un día lo pusieron de patitas en la calle.

Puede que otro se hubiese deprimido, pero Flavià se convirtió en el mánager de la Orquestra Platería y luego en el de Pepe Rubianes, de quien heredó a su novia, la contundente Luci, alma del bar Raval (la abandonó brevemente por una jovencita, pero volvió avergonzado al redil, donde fue readmitido, aunque con ciertas condiciones que siempre preferí no averiguar). Más tarde se dedicó a humorista de club y a mí me hizo siempre mucha más gracia que su maestro Rubianes, un buen chico echado a perder por su manía de convertirse en un progresista profesional.

Nunca dejó de ser un cura. Sus tronchantes monólogos servían para el escenario y para el púlpito. Siempre fue un peculiar moralista que había optado por la risa para extender la palabra del Señor, ya saben, ese tipo que escribe recto con renglones torcidos. Mosén Flavià fue, probablemente, uno de los renglones más torcidos de Dios, pero también el más divertido y el más humano hasta que un mal día se acabó Capri.

5

EL BAR DEL ASTORIA

El Astoria es un cine de Barcelona que ya no existe. Se inauguró en 1934 y cerró sus puertas en 1999, con la proyección de la misma película, *La alegre divorciada*, uno de los grandes éxitos de Fred Astaire y Ginger Rogers. Ahora, en su lugar, hay un espacio para eventos, signifique eso lo que signifique. Situado en el número 193 de la calle París, contaba con un bar que era frecuentado por señores mayores en busca de un poco de paz etílica hasta que, a principios de los años ochenta, un servidor de ustedes, sus amigos y destacados dipsómanos de la generación anterior —los de Bocaccio, para entendernos— lo elegimos como teatro de operaciones, poniendo en fuga, de manera lenta pero segura, a los provectos ciudadanos que no soportaban los excesos y las risotadas de la alegre muchachada invasora.

Era un bar deliciosamente anticuado que servía copas y bocadillos con los que seguir bebiendo; tenía asientos rojos, luces tenues y una barra estupenda para cuando ibas solo, aunque como eso no sucedía casi nunca, se ocupaban las mesas rápidamente y, desde ellas, mirando al exterior, sobre todo en las noches de lluvia, se tenía la impresión de estar en el vagón restaurante del Orient Express o en el bar de un barco probablemente a la deriva. Había noches en las que todos nos conocíamos. De manera literal. Lo cual creaba conversaciones no a grito pelado, pero puede que sí a un volumen un poco más alto de lo habitual (yo creo que eso fue lo que acabó poniendo en fuga a los carcamales). En alegre contubernio intergeneracional, uno y sus amigos —pienso en Llàtzer Moix, Sergio Vila-Sanjuán, Ignacio Vidal-Folch o Carlos Prats— intercambiaban elevadísimos conceptos con gente como el cineasta Gonzalo Herralde o los escritores Enrique Vila-Matas —que en esa época aún no era famoso— y Cristina Fernández Cubas. En una de aquellas mesas te podían dar las tantas: a veces, la acumulación de vasos era tal que tomabas conciencia de estar echando tu vida a los cerdos, pero en cuanto te los retiraban, volvías a las andadas. Y es que allí se arreglaba España —¡y el mundo!— cada noche.

Al frente del negocio había una pareja adorable, Aurelio y Adelina, que eran encantadores con todo el mundo menos con ellos mismos, que estaban siempre a la greña. Grandes profesionales, interrumpían la bronca que estuviesen protagonizando en esos momentos para atender a tus demandas, y luego la continuaban. A veces, la más elemental prudencia aconsejaba esperar a una tregua en las hostilidades para pedir la enésima copa, sobre todo si no pensabas pagarla esa noche. Vila-Matas tenía cuenta abierta y pagaba a fin de mes, que era cuando le caía la asignación paterna, y nunca olvidaré una noche en la que se debatía tragicómicamente entre la necesidad de un nuevo trago y la aconsejable espera del fin de la tangana de detrás de la barra.

El bar del Astoria ofrecía felicidad etílica a precios razonables. ¿Para qué ir de local en local cuando te podías sentar allí a las ocho de la tarde y no moverte hasta las dos de la madrugada? El bar del Astoria era un hogar lejos del hogar hasta cuando bebías solo. En esos momentos, en la barra, Aurelio practicaba para entretenerte unos juegos de manos con naipes que a él le fascinaban y que a Adelina la sacaban de quicio. No sé qué habrá sido de ellos. No sé si siguieron juntos, discutiendo, o si acabaron por separarse. En cualquier caso, fueron de los mejores anfitriones que uno tuvo en sus años de bebedor contumaz. Tampoco he vuelto a ver a muchos de los parroquianos con los que formábamos una extraña hermandad. A unos les ha ido mejor que a otros, pero diría que todos se acuerdan con cariño de las noches del bar del Astoria, que ya no recuerdo muy bien cuándo cerró, si junto al cine o antes. En cualquier caso, sucedió algún año en que uno ya no tenía tanta sed como antes, lo cual aminoró las consecuencias de la tragedia.

6

ALEXIS O EL ARTE Y ENSAYO

En pocos sitios se encuentra uno más a gusto que en el interior de un cine. Ya de pequeño, cuando mi abuela nos llevaba a mi hermano mayor y a mí a tragarnos un programa doble de reestreno los sábados por la tarde, disfrutaba enormemente de los minutos previos al inicio de la proyección. «No vuelves al cole hasta el lunes por la mañana», me decía, «y ahora, dos películas seguidas. ¿Qué más puedes pedir?». Esa sensación se agudizó en los tiempos del arte y ensayo gracias a un cine que ya no existe, el Alexis, que estaba en el vestíbulo de otro cine que tampoco existe, el Alexandra, en la rambla de Cataluña esquina Mallorca (ahora hay un inmenso Mango en el que compro los vaqueros porque cuestan la tercera parte de unos Levi's y se desintegran a la misma velocidad).

Era el Alexis un cine pequeño, con solo 143 butacas —que se redujeron a 110 en los años previos a su fallecimiento—, y esa pequeñez resultaba tremendamente acogedora. Como sala de arte y ensayo, el Alexis solo atraía a cinéfilos silenciosos incapaces de empapuzarse a palomitas, un personal con el que no era difícil sentirse hermanado. Fuera podían caer chuzos de punta, o bombas de racimo, que a los de dentro nos daba igual.

Lo visité por primera vez para ver una película que me había recomendado mi hermano, *Trenes rigurosamente vigilados*,

gracias a la cual me enganché a todo el cine checo de antes de
la represión rusa: Jiří Menzel, Věra Chytilová, Miloš Forman...
Nunca olvidaré la secuencia en la que el protagonista, un funcionario del ferrocarril que se aburre como una seta, se dedica a dar
tamponazos en las nalgas a una chica que se ha ligado. Si no fue
el primer trasero femenino que vi en la pantalla, poco le debería
de faltar. Gracias con retraso al taquillero que hizo como que no
se daba cuenta de que yo aún no tenía dieciocho años.

El Alexis fue fundado en 1954 por un señor llamado Modest
Castañé i Lloret. Se convirtió en teatro a finales de 1955, y así se
mantuvo hasta 1963, año en el que fue cerrado por orden guber-
nativa sin que un servidor conozca las razones. Reabrió como
cine en 1969 y la palmó, junto a la casa madre, el señorial Alexandra —reciclado ya en multisalas— en 2013. No he vuelto a encontrar un cine como aquel, tan acogedor que solo le faltaba una
estufa y una mesa camilla para redondear la sensación hogareña
de compartir con una falsa familia —o sea, mejor que la de verdad— experiencias inolvidables.

El Alexis era un cine, pero también un refugio. Nunca vi en
él una sola película mala. Señor Castañé: donde quiera que esté
—a dos metros bajo tierra, intuyo—, gracias por su brillante ini-
ciativa. Y gracias también a los responsables de la programación
en mi adolescencia, el Círculo A, del que formaba parte, si no me
equivoco, mi admirado Jaume Figueras, también conocido como
Mister Belvedere, el alias que utilizaba en la revista *Fotogramas*.

7

PEPÓN COROMINA, NUESTRO GRAN GATSBY

En los años ochenta del pasado siglo, antes de que la producción cinematográfica se centrara en masa en Madrid, teníamos en Barcelona a un personaje formidable que sigue siendo, a día de hoy, el productor más carismático que ha dado esta ciudad en toda su historia. Alto, guapo, simpático, con un aire a lo Bruce Springsteen y un sentido del humor a prueba de bomba —presentarse como Pepón en vez de Pepe ya denotaba su condición *bigger than life*, que dicen los anglosajones—, las mujeres lo adoraban y los hombres que tuvimos la suerte de formar parte de sus amigos más cercanos estábamos encantados ante el privilegio. Cualquier cena, fiesta o período vacacional con Pepón resultaba mucho más estimulante que sin Pepón. Tenía el hombre una rara habilidad para levantarte el ánimo y, si hacía falta, convencerte de que el plan que llevabas en la cabeza no solo no era una quimera, sino que podía ser llevado a la práctica si él te echaba una mano.

La naturaleza, que es muy selectiva en estos casos (para mal) y suele conceder cien años de vida a seres inútiles en todos los sentidos, le obsequió con un cáncer y se lo llevó por delante en la Navidad de 1987, con solo 41 años. Acababa de producir *Angustia*, de Bigas Luna, y ambos se preparaban para una carrera internacional que podría haber salido bien o mal, pero que ahí estaba, como una misión con la que entretenerse a lo grande durante los próximos años.

Hijo tarambana de una buena familia barcelonesa, Pepón anduvo metido en negocios de moda variopintos hasta que se convirtió en productor de cine. Yo lo conocí en 1982, cuando Gonzalo Herralde me propuso participar en el guion de *Últimas tardes con Teresa*, adaptación de la novela homónima de Juan Marsé que, hasta el momento, pergeñaban autor y director. A los 25 años, semejante encargo —que me iba grande— me pareció glorioso, como gloriosas fueron las tardes que Gonzalo y yo pasamos en casa de Marsé, con su camiseta imperio, su provisión de bebidas *(Voleu un quintet?)*, las apariciones de su señora y su sorna permanente. Me sentía como un intruso, claro está, pero un intruso muy agradecido a Gonzalo y a quien había dado luz verde a mi presencia en el proyecto.

Apenas si pude tratar cinco años a Pepón, pero les aseguro que me alegró esos cinco años como nadie. Me sentía con él como Nick Carraway ante el Gran Gatsby, con la diferencia de que Pepón no era tan turbio como el personaje de Scott Fitzgerald (no negaré que se le atribuían ciertos pufos, pero eso se da por supuesto en el mundo del cine y, además, estoy convencido de que la culpa era de su socio y antiguo compañero de los veraneos en Figaró, un mangante cuyo nombre me ahorraré, pero de cuyas trapisondas también se resintió el pobre Gay Mercader). El verano en que me invitó —a mí y a algunos más— a su casa de Menorca fue de los más divertidos que recuerdo, una versión en chancletas de Carraway y Gatsby en los Hamptons, con la presencia rutilante de su novia, Marta Molins, y del exnovio de esta, reciclado en amigo póliza, Jordi Cadena, quien, tras unos meses sin dirigirles la palabra a Marta y al amigo que le había levantado la novia, había acabado aceptando su papel de miembro de la familia (disfuncional; o sea, más estimulante que las de verdad).

Cuando a Almodóvar le faltaba dinero para terminar *Pepi, Luci, Bom y otras chicas del montón*, Pepón se lo consiguió. Con él fui a Zeleste a ver actuar al delirante dúo Almodóvar & McNamara, cuando Pedro era un tipo de lo más normal y el otro aún no había descubierto a Dios ni los encantos de la extrema derecha. Rodó en plan guerrilla *Bilbao*, la segunda película de Bigas. Produjo al amigo Cadena, a Eloy de la Iglesia, a Josetxo San Mateo y al olvidado Cayetano del Real, director de la primera adaptación de una obra de Eduardo Mendoza, *El misterio de la cripta embrujada*. Con Bigas formó un tándem con grandes expectativas —«en el cine, el productor es el padre y el director la madre», aseguraba el señor Luna, otro muerto glorioso— que quedaron interrumpidas en la Navidad de 1987.

A diferencia del funeral de Jay Gatsby, al que solo acudieron su padre, un inmigrante centroeuropeo que no se llamaba Gatsby y el bueno de Nick, el de Pepón estuvo concurridísimo, lleno de gente que le apreciaba y que luego, distribuidos en grupitos, brindaron a su salud, con Marta y el gran José Luis Amposta (último socio de Pepón) como viudas principales y los demás como figurantes/deudos con frase. Sigo echándolo de menos a día de hoy. Y no soy el único.

EL PRIMER *GIMLET*

Descubrí la existencia del *gimlet* leyendo a Raymond Chandler: era el cóctel favorito de Philip Marlowe. A mi amigo Ignacio Vidal-Folch le sucedió exactamente lo mismo. Por eso dedicamos tantas tardes, en casa de sus padres, a ensayar la mezcla perfecta, la justa medida de ginebra y lima que nos acercara lo más posible a la psique de nuestro admirado detective. Creo que no lo logramos jamás, pero pillamos algunas tajadas memorables.

El 1 de enero de 1980 se inauguró en el barrio del Born una pequeña coctelería llamada Gimlet que se convirtió para algunos —yo incluido— en un hogar lejos del hogar durante un par de años. Tras un tiempo denigrado por ser la droga de nuestros padres, el alcohol volvía por sus fueros y lo hacía en sitios de una elegancia y solera impostadas como el Gimlet, donde acudíamos los *moderniquis* de la época, que a la hora de impostar tampoco éramos mancos. La *new wave* había traído una vestimenta cómoda y que tenía la virtud de molestar enormemente a los *post-hippies* de canuto y birra. Yo no me quité el uniforme —chaqueta, camisa, corbata, vaqueros, bambas y una chapa con el careto de Buddy Holly— en los dos años que Javier de las Muelas tardó en aburrirse de su primera creación, la dejó en manos del eficaz Juanra y se fue a la zona alta de la ciudad, donde todavía hay un bar que se llama Gimlet. Cuando Javier desapareció, también yo empecé a hacerlo. Supongo que echaba de menos la conversación y alguna que otra copa gratis que me caía de vez en cuando. O igual dejaron de anunciar el cierre con «Para ti», aquella canción de Fernando Márquez que te avisaba de que, si tenías casa, más te valía irte encaminando hacia ella. Nunca me aclimaté al llamado Gimlet de arriba, para distinguirlo del Gimlet de abajo, prefería aquel agujero angosto del Born donde se bebía de pie y la misma noche podías llegar a mantener doscientas conversaciones distintas, cada una más delirante que la anterior gracias a la progresiva ingesta de alcohol. Me gustaba llegar, abrir la puerta, intentar discernir a los conocidos entre la nube de humo que emponzoñaba el local —entonces se podía fumar en los bares—, apoyar el codo en la barra, saludar a Javier y empezar a pimplar. Ya habría tiempo de pasar por Zeleste cuando sonara «Para ti».

Curioso personaje, el señor De las Muelas. Abandonó la carrera de Medicina y, cuando lo conocí, se dedicaba a enganchar en los pirulís los pósters de los conciertos de Gay Mercader. A ver lo que dura, pensé cuando abrió el Gimlet. Pero el Gimlet le fue de maravilla, como el de la zona noble, y luego se inventó el Nick Havanna, se hizo con el Dry Martini, se expandió por España y Europa y ahora es un magnate del ocio nocturno, mientras yo sigo dedicado a lo de siempre, aunque haya dejado de hablar de Roxy Music para hablar de Puigdemont, lo cual se me antoja a veces un desdoro.

Ahora el Gimlet de abajo se llama Marlowe y el de 1980 se ha convertido para mí en un estado mental, en un recuerdo feliz, en un sitio que existe en el espacio, pero no en el tiempo. Y algo me dice que no soy el único.

EL TAN PECULIAR COMO
ADORABLE GUILLEM CIFRÉ

De casta le venía al galgo. Su padre, que se llamaba igual que él (o viceversa), Guillem Cifré, creó para los tebeos Bruguera al periodista más atrabiliario de la historia del cómic, *El repórter Tribulete (que en todas partes se mete)*, solo superado años después —en torpeza, mala suerte e ineptitud— por el *Perico Carambola* de Ignacio Vidal-Folch y Miguel Gallardo. Tribulete era un muchacho emprendedor y metepatas que trabajaba para *El Chafardero Indomable*, cuya redacción estaba en la inexistente calle del Pez, en Barcelona. Moncho Alpuente, otro muerto glorioso, me contó una vez que él había nacido en la madrileña calle del Pez, cosa que le llenaba de orgullo, y que había tardado un poco en descubrir el significado de la palabra chafardero (cotilla, chismoso), que no existe en castellano y es una brillante catalanada que proviene del verbo *xafardejar*. Mucho antes que Eduardo Mendoza, Cifré padre ya exportaba palabras al resto de España.

Nacido en 1952, mi Guillem Cifré nos dejó antes de tiempo, en 2014. Nunca fuimos amigos íntimos —ese cargo lo ocupó mi viejo compadre de la universidad Juan Bufill, poeta, fotógrafo, crítico de arte y comisario de exposiciones, que colaboró con el artista en algunas historietas y ha escrito sobre él más que nadie—, pero siempre nos caímos bien. A mí me gustaban mucho sus cómics, en los que era imposible distinguir influencia alguna. Cifré era un tipo muy especial, pero eso no le impedía mostrarse extraordinariamente simpático. Suele abusarse del concepto de artista que vive en un mundo propio, pero en el caso que nos ocupa era absolutamente cierto. Como dibujante, dominaba un blanco y negro prácticamente expresionista que ponía al servicio de unas historias únicas y, para mucha gente, incomprensibles (en eso era como el valenciano Micharmut, también fallecido, un artista que me fascinaba, pero al que nunca llegué a entender muy bien de qué me hablaba, aunque me daba lo mismo. Creo que el gran Jesús Cuadrado fue el único de todos nosotros que llegó a comprenderlo de verdad). A mí no me importaba mucho lo que me contaba porque leer a Cifré era más que leer, era una experiencia insólita y gratificante. Aunque pasó por *El Víbora* y por *Cairo*, lo suyo no fue nunca línea chunga ni línea clara. Él solo obedecía a su cerebro y es de los pocos dibujantes que he conocido que funcionaba igual de bien en el cómic y en la ilustración.

Cuando descubría algo que intelectualmente le interpelaba, Guillem era de los que tenían la necesidad de proclamarlo a los cuatro vientos. La imagen que se me ha quedado de él para la eternidad se dio durante la celebración de un Salón del Cómic en Barcelona, no recuerdo de qué año. Sí recuerdo a una pandilla de sospechosos habituales a los que Cifré informó de uno en uno que había descubierto a un cantante italiano que lo tenía fascinado. Hasta el punto de que la cena concluyó con Guillem subido a una silla y clamando: «¡Battiato, Battiato, Battiato!», entre la algarabía general de los que le decíamos que se bajara de la silla, no fuera a darse un morrón, y que había que ir a seguirse emborrachando en otra parte.

Artista único en su originalidad, Cifré nunca obtuvo (ni buscó) el éxito profesional. Él iba a lo suyo y pasaba de insertarse en ninguna escuela y de acogerse a ninguna tradición. Fue de lo mejor que dio el *boom* del cómic español de los años ochenta, aunque muy pocos se dieron cuenta. En su perfección, hasta tenía cara de personaje de tebeo: nariz aguileña, alopecia incipiente con cuatro pelos de punta y ojos saltones tras unas gafas negras de pasta. No sé de qué se murió, pero me da igual: prefiero recordarlo subido a la silla y dando vivas a Franco Battiato.

10

VICTORI, UN REFUGIO EN EL ENSANCHE

De la misma manera que tomamos al asalto el bar del cine Astoria, nos colamos en el Victori del pasaje de la Concepción, donde, años atrás, uno había estudiado COU en la academia Granés, reducto de pijos cuyos profesores, todo hay que decirlo, brillaban con luz propia si los comparaba con los que había tenido que aguantar en los escolapios de la calle Diputación (gracias al de inglés, salí de allí con unos muy útiles conocimientos básicos y un mantra formidable sobre las reglas del idioma: *The English language has no rules*).

El Victori era una coctelería pequeña y acogedora regentada por un señor también pequeñito y acogedor que atendía por Josep Victori, Pepe para los clientes de toda la vida y Pepito para los clientes de toda la vida e incluso antes. Yo le llamaba de usted porque era mayor que yo y porque el entorno, con sus cuadros de club inglés, sus confortables sillones y sus maderas nobles predisponían a cierta pompa y circunstancia. Victori fue siempre muy tolerante con los *moderniquis* recién llegados que nos embriagábamos en su establecimiento y que a veces levantábamos la voz más de lo tolerable. Los clientes habituales no siempre nos miraban bien, sobre todo uno que solía lucir bajo el brazo un ejemplar de *El Alcázar*. Los dipsómanos de derechas que, hasta entonces, habían compuesto la práctica totalidad de la parroquia, solían beber en la barra, mientras que los *moderniquis* nos concentrábamos en las mesas. La verdad es que se trataba de dos colectivos que deberían haberse repelido como el agua y el aceite, pero, curiosamente, nunca hubo alteraciones de la convivencia y Pepito pasaba de un sector a otro con una elegancia y un *savoir faire* admirables: hasta me dio las gracias por un artículo sobre su bar que publiqué en el *Star*, que no era precisamente *El Alcázar*. El gran Ginés, que ahora regenta el Belvedere, empezó allí a convertirse en el magnífico barman que es en la actualidad: yo creo que, como era de nuestra edad, se sentía más a gusto con nosotros que con los del *blazer* y el diario facha bajo el brazo. Victori no mostró nunca ningún favoritismo en una u otra dirección: si venías a beber, pagabas, no montabas el número ni te caías del taburete, eras bienvenido y tratado como un señor.

Josep Victori venía de un pueblo de la Cataluña profunda y hablaba un castellano impecable gracias a —según nos gustaba fabular— todos los años que se había tirado sirviendo copas a prebostes del régimen en sitios como el Marfil. Nunca averigüé cuáles eran sus ideas políticas, si es que las tenía, pero tampoco me esforcé mucho porque me daba igual: lo importante es que era un gran profesional, un señor educadísimo y un tipo extremadamente cordial sin llegar jamás al compadreo ni a la confianza que da asco. Evidentemente, cuando los *moderniquis* teníamos la noche aberrante y nos apetecía hacer el ganso sin tasa, ni se nos ocurría presentarnos en el Victori, pues no había que confundir la amabilidad, la hospitalidad y la tolerancia de Pepe con la posibilidad de que su bar se convirtiera en *Can pixa i rellisca*. Si el de *El Alcázar* era capaz de ahorrarse los vivas al Caudillo, nosotros también teníamos claro que las mesas del Victori no estaban para hacerse rayas de coca.

Y así pasamos todos unos años muy entretenidos en aquella especie de refugio de caza en pleno Ensanche, disfrutándolo especialmente en las noches de lluvia y tormenta. Curioso experimento intergeneracional, el Victori resistió hasta la jubilación de su propietario, que se volvió al pueblo (no sé si al suyo o a otro). De vez en cuando me lo cruzo por Barcelona con su mujer y siempre practicamos el *stop and chat*, término que usaba Larry David en contraposición al *zip in, zip out*. Va impecablemente vestido con chaqueta oscura y corbata, como cuando nos daba de beber al de *El Alcázar* y a mí, y le veo tan feliz (o tan fatalista) como antaño. Él me tutea y yo le hablo de usted. Un día le agradecí que nos acogiera a los jóvenes en su reducto para carcamales del régimen anterior, pero puso cara de no saber de qué le estaba hablando. Un profesional de los de genio y figura hasta la sepultura.

11

CUANDO MIRÁBAMOS HACIA PARÍS

Durante los últimos años del franquismo, Barcelona era una ciudad culturalmente afrancesada. Dado el panorama interior, había que mirar hacia afuera y París era lo que nos caía más cerca. De hecho, Barcelona llevaba mirando a París desde antes de la Guerra Civil. Prueba de ello es que dos hermanos suizos, Alphonse y Joseph Piaget, fundaron en 1845 la primera librería francesa de la ciudad, que se instaló en el número 57 de La Rambla.

Tras ser adquirida por la editorial Hachette, la Librería Francesa abrió una rutilante sucursal en el 91 del paseo de Gracia y otra más modesta en la confluencia de la avenida Diagonal con la calle Muntaner. La Librería Francesa original chapó en 1972 y las otras dos en la década del 2000, tal vez porque a principios de los setenta ya no había muchos afrancesados entre nosotros y en el siglo XXI ya no quedaba más que Joan de Sagarra (al que le he soplado algunos datos para este artículo). Y en medida cada vez menor también un servidor de ustedes, que cambiaba de novia urbana —de París a Nueva York— empujado por la realidad y de idioma extranjero —del francés al inglés— porque el mundo cultural anglosajón parecía más grande, más atractivo y más estimulante.

Llegué a la Librería Francesa —a cualquiera de las tres— en la adolescencia, movido por mi amor a los cómics. Tras comprar en el quiosco, cuando podía permitírmelo, la revista *Pilote*, que era de un lujo total comparada con los churrosos tebeos de Bruguera, ya había llegado a la triste conclusión de que en España hacíamos las cosas a nuestra manera y en Francia las hacían bien. Impresión que se confirmaba en aquellas visitas a la Francesa —como la llamábamos yo y mi hermano mayor—, cuando te encontrabas con los magníficos álbumes de las editoriales Dargaud, Dupuis y Casterman y te dabas cuenta de que los tebeos eran una industria potente en el país de al lado (y lo siguen siendo, ¡caso único en toda Europa!).

Entrar en la Francesa era, en cierta medida, como entrar en la embajada de un país extranjero que te atraía más que el tuyo, donde casi todo estaba prohibido y el mandamás era un señor bajito con bigotillo y voz de pito. Con el francés aprendido en la escuela bastaba para leer los cómics franceses y hasta algunos libros. Luego vino un cuarto siglo de viajes constantes a París, perfeccionando el idioma y paseando por una ciudad a la que le veía todas las gracias hasta que dejé de vérselas. Debo de ser monógamo, ya que cuando me dio por plantarme en Nueva York cada dos por tres a pasar largas temporadas, ya no pensaba en París ni me apetecía visitarla.

Fue así como París se fue convirtiendo para mí en un estado mental muy disfrutado en la adolescencia y la juventud, cuando España era un país muy poco normal (más anormal que ahora, que ya es decir) y las sedes de la Librería Francesa eran como ventanas a una realidad más atrayente que, de hecho, empezaba a anquilosarse. Algo imposible de intuir a los 15 años, cuando te topabas con la nueva aventura de Michel Tanguy o del teniente Blueberry en aquellos álbumes de tapa dura y satinada, excelentemente impresos en un papel cuyo olor, si hago un pequeño esfuerzo, aún puedo recordar con placer y nostalgia, como Proust con las magdalenas.

EL DRUGSTORE DEL PASEO DE GRACIA

Al Drugstore de paseo de Gracia se llegaba muy tarde y muy perjudicado por el alcohol. Cuando tus tugurios favoritos ya habían chapado, pero tú considerabas que aún no te habías cocido lo suficiente, el Drugstore de paseo de Gracia venía siempre en tu ayuda, pues solo cerraba una hora al día, de seis a siete de la mañana. En su abigarrada barra coincidíamos los señoritos canallas del Ensanche con la *racaille* (que diría Sarkozy) más infecta, lo que más de una vez había conducido a situaciones desagradables: a un amigo le partieron la cara y a mí me robaron el reloj, que parecía caro, pero afortunadamente no lo era. El Drugstore era también el sitio adecuado para conocer a mujeres fascinantes que iban tan borrachas como tú o más: lo peor que podía pasarte era que sucumbieran a tus encantos, pues a la mañana siguiente despertabas aterrorizado en una cama ajena junto a una chica que, ya sobrio, resultaba que era un callo (supongo que a ellas les pasaba lo mismo); lo suyo era huir en silencio, con los zapatos en la mano, y, sobre todo, no despertarla para preguntarle si habíais follado, cosa que no recordabas; como todo es susceptible de empeorar, a veces despertabas con el fiambre en tu propia casa, momento en el que, si se trataba de alguien como tú, la pobre chica desaparecía silenciosamente mientras te hacías el dormido.

El Drugstore de paseo de Gracia, número 71, entre las calles de Valencia y Mallorca, se inauguró a bombo y platillo en 1967 y contó con la rutilante presencia de Salvador Dalí. Además de restaurante, bar, una tienda de comestibles y algunas *boutiques*, contaba con una librería a la que llegaban cómics franceses: allí vi el primer ejemplar de *Barbarella*, de Jean-Claude Forest, y solían llegar las novedades de Dargaud y Casterman. Recuerdo que se puso de moda entre los universitarios robar libros, aprovechando el despiste de los dependientes y la falta absoluta de medidas de seguridad. Confieso haber dedicado una (breve) etapa al latrocinio intelectual y me da mucha vergüenza, aunque uno de los libros hurtados derivó en una serendipia estupenda: años después de haber trincado la novela de Juan Marsé *Últimas tardes con Teresa*, acabé colaborando en el guion de la adaptación cinematográfica del libro que dirigió Gonzalo Herralde. Insisto: me da mucha vergüenza y no he vuelto a robar un libro en mi vida.

El Drugstore de paseo de Gracia llegó a tener dos sucursales, una en La Rambla (Drugstore Liceo) y otra en la plaza Lesseps (Drug Blau); la de La Rambla cerró en 1992, como el establecimiento original, y la de Lesseps en 1979. Nunca he entendido por qué murió el Drugstore en general y el mío, el de paseo de Gracia, en particular. Un sitio abierto a todas horas en el centro de Barcelona parecía llamado a no palmarla jamás. Un sitio en el que podías comer, beber, mangar libros, ligar con mujeres más necesitadas de cariño que tú y ser desposeído de tu reloj por un rufián es un sitio a preservar. Pero ya lo decía el gran Héctor Lavoe, que en paz descanse: «Todo tiene su final, nada dura para siempre, es preciso recordar que no existe eternidad». En cierta manera, eso sí, el Drugstore de paseo de Gracia vivirá mientras lo haga el último borracho que lo frecuentó, la última alma noble que buscó allí el amor de madrugada y el último chorizo que le mangó la cartera a un señorito calavera. Para mí, eso es consuelo suficiente.

13

LA VOSS POR LA GRACIA DE DIOS

Era grande, gordo y feo. Y, cuando llevaba unas copas de más —que solía ser casi siempre—, se mostraba tremendamente grosero con las mujeres, como si les guardase rencor en general por el modo en que lo habían tratado. Al mismo tiempo, era un hombre bondadoso, de una inocencia sorprendente y de una timidez paralizante que intentaba superar dándole al frasco sin tasa. Como compañero de tajada era insuperable, sobre todo si no se le cruzaba ninguna mujer susceptible de encajar alguno de sus comentarios soeces. Sus mejores momentos, los que pasaba en la barra de Zeleste junto al Sisa, Gato Pérez y mosén Flavià. Yo creo que apenas dormía, pues, a diferencia de sus compañeros de farra, bohemios que podían quedarse sobando hasta las tantas, nuestro hombre acudía cada mañana a su trabajo como químico en una empresa. Estaba tan acostumbrado a madrugar que, un día que Víctor Jou convocó a una serie de músicos a una reunión para el día siguiente a las nueve, entendió —y fue el único— que el patrón de Zeleste se refería a las nueve de la mañana, así que apareció por el club a esa hora, con el traje y la corbata del curro, y se encontró con que no había nadie más.

Se llamaba Jordi Farràs y emanaba de él una tristeza permanente que no podían ahogar sus frecuentes arrebatos de euforia etílica. Aunque grabó un disco con su nombre —en colaboración con el gran Jordi Sabatés—, casi toda su carrera musical se la encomendó a un álter ego apodado «La Voss del Trópico». Sus amigos nunca le llamábamos Jordi, sino que siempre nos referíamos y dirigíamos a él como Trópico. Con ese alias grabó unos pocos discos y actuó en solitario o con la Orquestra Platería durante los años ochenta y noventa. Yo le recuerdo especialmente en el escenario del Salón Cibeles, siempre de esmoquin blanco, durante los bailes selectos del fin de semana. ¿Cantaba bien? Yo diría que en realidad no, pero daba lo mismo, pues le ponía unas ganas que te contagiaban el entusiasmo: lo veías cantando *Camarera de mi amor* entre hipidos de dipsómano y algún que otro gallo y te dabas cuenta de que aquel fanegas sudoroso con los ojos cerrados se estaba transportando mentalmente a un lugar soñado en el que ejercía de galán a cuyos pies caían rendidas todas las mujeres.

Su tendencia a los excesos le granjeó un infarto del que pareció quedar bastante recuperado. Tanto que, pese a las advertencias de los médicos, el 11 de febrero del año 2000 decidió darse un homenaje e invirtió una respetable suma de dinero en *whisky*, cocaína, una habitación de hotel y dos furcias de categoría. Tras pasar una tarde muy entretenida, pagó la cuenta en recepción, salió a la calle y allí mismo le dio el patatús definitivo que se lo llevaría al otro barrio a los 54 años. Puede que otro hubiese reventado en la habitación, creando problemas a la empresa y a las señoritas de compañía, pero él no se quitó de en medio hasta que hubo pagado sus deudas. Lo suyo fue lo que se suele definir como una salida por la puerta grande.

Jordi Farràs, en arte La Voss del Trópico: genio y figura hasta la sepultura.

AVENIDA DE LA LUZ, VIDA SUBTERRÁNEA

Todavía echo de menos, de vez en cuando, la Avenida de la Luz, aunque la conocí ya en su larga etapa de decadencia. Me gustaba de ella su inconsciente retrofuturismo, su condición de subterráneo ajeno a la realidad exterior en el que nunca sabías la hora que era, su extraño parecido con esos pueblos falsos que el Ejército norteamericano edificó —situando maniquís por las calles— para sus pruebas nucleares de los años cincuenta en el desierto de Nuevo México, su tono de ciudad pionera en un escenario postapocalíptico en el que el aire ya no se podía respirar...

Se construyó en 1940, obedeciendo las obsesiones de un iluminado —¡nunca mejor dicho!— llamado Jaume Sabaté Quixal que pretendía fabricar una miniciudad subterránea que se extendiera entre plaza de Cataluña y la de Urquinaona. Se tuvo que conformar con una especie de espacioso sótano bajo la calle Pelayo, entre plaza de Cataluña y las calles Balmes y Bergara, aprovechando un túnel horadado por los Ferrocarriles Catalanes para la Exposición Universal de 1929, aquella que los barceloneses no acabamos de pagar nunca y que nos quitó las ganas de grandes eventos hasta las Olimpiadas del 92.

En su momento, fue la primera galería comercial bajo tierra de Europa. Y a mí me encantaba, desde la adolescencia, bajar a aquel inframundo, darme una vuelta por ese decorado postnuclear y, a ser posible, ver una película en su cine, que se inauguró en 1943 con un programa de cortometrajes de Walt Disney y que chapó en 1992 —ya convertido en cine porno y dos años después del cierre de todo el complejo— con la proyección de *El placer entre las nalgas*. De gran éxito, supongo, entre la chusma de todo tipo que poblaba el lugar en sus últimos tiempos.

Sabino Méndez le dedicó una de sus mejores canciones para Loquillo y los Trogloditas, «Avenida de la Luz», una pieza melancólica y elegíaca que hablaba de aquel mundo subterráneo como si se tratara de Xanadú o Avalon. En su momento más álgido, la Avenida de la Luz llegó a albergar 65 locales —barbería, estanco, salón recreativo, máquinas de coser y de escribir, abundantes bares en los que aislarse de la realidad exterior, un cine y una churrería, entre muchos otros que fueron palmando por etapas— y a convertirse en una de las rarezas más peculiares de Barcelona. A diferencia de los actuales *malls*, tan modernos y tan asépticos, la Avenida de la Luz parecía el hábitat natural de una vida clandestina y una alternativa razonable cuando el exterior se te antojaba hostil e irrespirable. Àngel Jové deambuló por ahí en una secuencia de la película de Bigas Luna *Bilbao*. Loquillo rodó el videoclip del tema homónimo de Sabino.

Dejamos morir la Avenida de la Luz como tantas otras cosas en esta ciudad, encajando con displicencia su decadencia y sin mover un dedo para otorgarle una nueva vida. Ya desde el principio pusimos coto a los planes expansivos del soñador Sabaté. Y luego dejamos que esa miniciudad del futuro se hundiera en la irrelevancia y nadie hiciese nada para salvarla. Los barceloneses, ya se sabe, somos bastante dados a encontrar el placer entre las nalgas, aunque solo sea de manera metafórica.

15

ATENDÍAN POR *EL RROLLO ENMASCARADO*

A principios de los setenta corrían por Barcelona unos emprendedores muchachos que se dedicaban al cómic *underground* y atendían por el nombre conjunto de *El Rrollo enmascarado* (también conocidos como los del Rrollo). Fabricaban sus propios tebeos, que vendían en La Rambla y en algunos bares alternativos, y se contaba de ellos que vivían todos juntos, en plan comuna urbana, en un piso de la calle Comercio situado en un edificio perteneciente a la familia del artista conceptual (y aristócrata) Antoni Muntadas. En esa época, yo estudiaba periodismo —si se le puede llamar estudiar a lo que hacíamos, o no hacíamos, en la pomposamente bautizada como Facultad de Ciencias de la Información— y aspiraba a ganarme la vida en un futuro próximo como guionista de tebeos (¡santa inocencia!). Como yo era de influencia francesa y los del Rrollo bebían más del *underground* norteamericano, sus tebeos me gustaban en parte, inclinándome por los autores, digamos, más narrativos: nunca entendí muy bien lo que me contaban los hermanos Farriol o Roger —con el que mucho después fabricaríamos un álbum a medias—, pero veía en Nazario, Max y Antonio Pàmies (hermano de Sergi, el escritor, que un buen día se fue a Granada, cambió los tebeos por la docencia y no se ha vuelto a dejar caer por Barcelona) a unos autores con cierto fundamento. En cualquier caso, lo que me fascinaba del Rrollo era su entrega al oficio y su vida libre y alternativa, que resultaba atractiva a la fuerza para alguien que, como yo por aquel entonces, todavía vivía en casa de sus padres.

Quiso el azar que una amiga de la facultad, la vasca Ana Busto, fuese también amiga de Nazario y frecuentara el mítico piso de la calle Comercio. Tras pedírselo amablemente, me llevó a tan sagrado lugar una tarde y pude ver en directo cómo vivían los alternativos genuinos, no los de boquilla como yo. Reconozco que experimenté una satisfacción instantánea al ver a todos aquellos individuos dibujando juntos en una gran sala, cada uno en su mesita, en silencio y dando muestras de una disciplina digna de Yukio Mishima. Era evidente que se tomaban lo suyo muy en serio. Allí se trabajaba hasta la hora de cenar y a partir de ahí empezaba el desfase, que para algo eran jóvenes y alternativos: papear algo, beber, drogarse, tal vez follar... En fin, un *lifestyle* envidiable que yo observaba desde mi realidad de burguesito con aspiraciones artísticas sin olvidarme de intentar convertirme en el Tom Wolfe o el Hunter S. Thompson español.

La verdad es que no me hicieron mucho caso y casi todos siguieron a lo suyo tras saludarme con cierta displicencia. Solo Nazario se tomó la molestia de darme conversación: aún no había salido del todo del armario y era un tipo amable y de una seriedad asombrosa que me dio un cursillo avanzado de lo que significaba ir por la vida de dibujante *underground*. En cualquier caso, salí de aquel apartamento como el que ha estado en Lourdes y ha sufrido una de esas experiencias que te cambian la vida. Poco después monté un tándem con un amigo dibujante y di comienzo a una carrera de guionista que nunca llegó a ser una carrera, pero me permitió fabricar algunos álbumes a medias con gente tan interesante como Montesol, Sento, Keko, Bartolomé Seguí o Sagar Forniés.

El Rrollo enmascarado se disolvió, como tantos otros grupos artísticos del principio de los tiempos. Casi todos acabaron en *El Víbora*, pero, como suele decirse en estos casos, eso ya es otra historia.

EL HOMBRE QUE SUDABA EN PLENO INVIERNO

Jaume Cuadreny es el cantautor más extraño que ha dado Barcelona en su historia reciente, y también una de las mejores personas que uno haya conocido en su vida: cuando me tocó hacer la mili en Mallorca, Jaume fue el único conocido que se presentó a saludarme en el campamento de Son Dureta, acompañado por su mujer, Maite, y sus hijas gemelas, que entonces eran muy pequeñas. Huelga decir que Jaume no triunfó jamás, pero entre los colaboradores de *Star* y *Disco Exprés* contaba con un grupito de fans reducido, pero leal, que acudíamos como un solo hombre a sus esporádicos conciertos en La Orquídea o algún otro tugurio de la época. Por falta de presupuesto, solía actuar solo, voz y guitarra eléctrica, aunque a veces se apuntaba el bajista Jordi Riba, hermano del gran Pau. A sus fieles, sus canciones se nos antojaban austeras y crípticas, pero también hipnóticas, tal vez por la vehemencia, el convencimiento y la solemnidad con que Jaume las interpretaba. Solo llegó a grabar un *single* que no era en absoluto representativo de su música: algún ejecutivo discográfico debió pensar que la canción «Com ho faràs?» apuntaba maneras de *hit*, ¡Dios le conserve la vista!

El bueno de Jaume padecía esquizofrenia y solía ir fuertemente medicado. Las gotas de sudor que perlaban su frente en pleno invierno eran una clara muestra de su sufrimiento interior, aunque nunca hizo nada para echárselo encima a los amigos. Como la música no le daba de comer, trabajó toda su vida en una editorial —creo que Vicens Vives—, donde compartía despacho y conversación con otro personaje muy especial, el poeta Jesús Lizano, artista atrabiliario —se hacía llamar Lizanote de La Mancha— que organizaba de vez en cuando unas marchas poéticas Rambla abajo que temblaba el misterio: al frente de unos cuantos leales, el hombre recorría La Rambla lanzando berridos poéticos a diestra y siniestra, sin que nadie le hiciera mucho caso. Pese a su prestigio como poeta, la muerte de este adorable excéntrico pasó totalmente desapercibida.

Como la del propio Cuadreny, que tuvo lugar en 2006. En esa época, llevaba un tiempo recluido en un psiquiátrico del que solo salía los fines de semana para pasarlos con su mujer, Maite, también conocida como la Maga Anaraida, a la que había conocido en una visita profesional, para que le echara las cartas, mientras se hundía su matrimonio anterior. Maite le salvó la vida. Por un tiempo. Pero no pudo evitar que una mañana de uno de esos fines de semana en libertad, Jaume saliera de la cama en pijama y, sin mediar palabra, se arrojara por el balcón de su apartamento.

En la canción «Vincent», Don McLean le dice a Van Gogh que este mundo nunca estuvo hecho para alguien tan bello como él. Lo mismo puedo decir yo del difunto Jaume Cuadreny, artista incomprendido y entrañable y sufriente ser humano.

17

EL BAZAR DEL PÓSTER

A partir de cierta edad, tener la casa llena de pósters puede ser una señal evidente de que:

1. Eres un pelagatos al que no le llega el presupuesto para comprar cuadros o grabados.

2. Te has quedado atrapado en la adolescencia y matarías a quien intentara robarte tu póster de Black Sabbath.

Los carteles de películas son otra cosa. Como la chaqueta con estampado animal de Nicholas Cage en *Corazón salvaje*, son la afirmación de tu personalidad intransferible. Eso sí, no es lo mismo colgar en la pared el cartel de *Taxi driver* que el de *Los albóndigas en remojo*. Pero el patetismo más extremo se da en esos progres recalcitrantes que, a su avanzada edad, aún conservan los pósters del *Guernica* de Picasso o del célebre retrato que el fotógrafo Korda le hizo en su momento al Che Guevara. Salvemos, eso sí, pósters de tono seminal: los retratos psicodélicos de los Beatles a cargo de Richard Avedon o un cartel original del festival de Woodstock tienen una excusa histórica y social muy notable. Lo que se ha perdido para siempre es el elemento de novedad estética que aportó el póster en los años sesenta, cuando el póster era, insisto, el equivalente gráfico de la chaqueta de Nicholas Cage en la película de David Lynch.

En los años sesenta, en Barcelona, todo lo estimulante venía de fuera. Por eso se acogió con gran gozo la inauguración en 1967 —¡el verano del amor, por lo menos para los habitantes de San Francisco que echaban el día en la esquina de las calles Ashbury y Heights!— de El Bazar del Póster, situado en el hoy decadente pasaje Arcadia, un conducto que llevaba de Balmes a Tuset y en el que también estaba el Stork Club, bar que no pude disfrutar por cuestiones de edad pero sobre el que Jaime Gil de Biedma escribió unos párrafos de lo más elegíacos. El Bazar del Póster te traía a tu ciudad algo de lo que habías oído hablar, pero no habías podido ver con tus propios ojos. Lamentablemente para mí, tenía 11 o 12 años, los pósteres costaban la friolera de cincuenta pesetas (o más) y mis padres consideraban que mi cuarto —que compartía con mi hermano mayor— no era exactamente un sitio en el que podía hacer lo que me saliera del níspero, sino una habitación puesta a mi disposición en régimen de realquilado mental.

Entre una cosa y otra, me pasé bastante tiempo visitando El Bazar del Póster sin comprar nada, aunque había uno del señor Spock de *Star Trek* que me tenía robado el corazón. Abundaban los retratos en blanco y negro de grandes estrellas de Hollywood: Valentino, Marilyn Monroe, James Dean, Marlon Brando subido a su moto en *Salvaje*... No recuerdo cómo fue, ni cuándo, que acabé comprando tres pósters largamente anhelados: el de Marilyn, el de Batman y el de Robin (yo era fan de Batman por una cuestión de fe, ya que tanto los tebeos como la serie de televisión los había prohibido don Manuel Fraga por motivos que nunca he conseguido entender). Supongo que mi padre rebajó la disciplina en el cuarto que nos había cedido generosamente a mi hermano y a mí. Y que debí de ahorrar lo que pude de mi magra semanada. En cualquier caso, una cosa tan tonta como ver, nada más despertar, a Marilyn y a Batman me llenaba de gozo (lástima que una vomitona imprevista dejara el póster del pobre Robin hecho unos zorros).

Los pósters se popularizaron y extendieron por toda España, hasta que empezaron a pasar de moda y solo se salvaron el *Guernica* y el Che Guevara. El Bazar del Póster, espacio pionero que yo visitaba como si fuese la fábrica de chocolate de Willy Wonka, palmó a finales de los años noventa por falta de clientela. A mí se me ha quedado grabado en la memoria como un pasaporte a la modernidad y una muestra de que, como decía Dylan, los tiempos estaban cambiando.

18

EL LUGAR IDEAL PARA SUICIDARSE

Conocí la mítica Terraza Martini hacia el final de su andadura, cuando allí se celebraban todo tipo de actos, presentaciones,
homenajes y paripés varios. Bueno, esa había sido siempre su
función desde que se inauguró en 1961. Cerró en 1980, como dos
revistas para las que yo trabajaba entonces —Star y Disco Exprés—
y solo dispuse de un par de años para disfrutar de bebida gratis y
croquetas.

Aunque en un principio la Terraza Martini se dirigía a la alta
burguesía de Barcelona, hacia el final de su trayectoria la podía
alquilar cualquiera que apoquinase la suma requerida. Si no recuerdo mal, fue allí donde la discográfica EMI dio una fiesta en
honor a Queen y todos los chicos del *underground* tuvimos el
privilegio de saludar a Freddie Mercury y a Brian May e intercambiar con ellos cuatro banalidades. A mí me impresionó mucho
la dentadura de Freddie, que se le salía literalmente de las fau-
ces: entonces aún no sabía que la naturaleza le había concedido
más dientes que a los demás mortales. No era muy alto y, visto de
cerca, recordaba poderosamente al cantante canario José Vélez.

La Terraza Martini —comandada desde el principio hasta el final por el barman Manuel Villalante— estaba en la planta número 13 de un edificio que había pertenecido al desaparecido Banco

Rural y del Mediterráneo, en el número 16 del paseo de Gracia, esquina con Gran Vía. Ahora, en la planta baja hay un inmenso Zara, que sustituyó al también enorme Virgin Megastore.

No sé si en sus primeros tiempos se daba cita en la Terraza Martini lo mejor de cada casa, pero yo solo pillé los restos del naufragio: una pandilla de carcamales de ambos sexos cuyos trajes y vestidos parecían haber vivido mejores tiempos y que se abalanzaban sobre las croquetas y los canapés como si esa fuera a ser su única comida del día. Abundaban las cacatúas pintarrajeadas entre las mujeres y, entre los hombres, los tipos con bigotillo y el pelo teñido a los que de jóvenes alguien les había dicho que se parecían a Jorge Sepúlveda. Dado su aspecto frágil y apolillado, era fácil infravalorarlos y creer que te impondrías a ellos en el bufet de las croquetas, pero lo cierto es que cargaban contra la larga mesa como un regimiento de caballería y si te cruzabas en su camino te podías llevar tranquilamente un codazo o un pisotón.

Yo creo que nos tenían manía a los jóvenes, aunque llevásemos corbata, prenda imprescindible para acceder a aquel Xanadú del trago y el canapé gratis —siguiendo a Elvis Costello y otras luminarias de la *new wave*, la chaqueta y la corbata con vaqueros y bambas era una especie de uniforme para los modernillos de la época—, al cual daban la impresión de llevar asistiendo desde su inauguración. Si habían sido ricos, ya no lo eran: un rico nunca se habría propulsado de tal modo hacia las croquetas sin respetar las más elementales normas de urbanidad.

Cuando ya llevabas unas copas, lo mejor era observar la ciudad desde la terraza. Una noche, mi amigo Juan Bufill, con el que compartía curro en *Star* y *Disco Exprés*, me comentó: «Este es el mejor sitio de la ciudad para suicidarse, ¿no crees?». La frase se me quedó grabada hasta hoy porque Juan tenía razón: entre 1961 y 1980, la Terraza Martini fue el mejor lugar de Barcelona para despedirse de este mundo cruel. Una evidencia que, como no podía ser de otro modo, nunca se les pasó por la cabeza a aquellos apolillados gorrones con los que, prácticamente, había que batirse en duelo para pillar un canapé y a los que les daba lo mismo el acto del día: ellos venían por la merienda cena. No estaban el día de la fiesta de Queen, pero creo que se hubiesen asustado al ver la dentadura de Freddie Mercury: semejante excavadora parecía muy capaz de zamparse todas las croquetas de un bocado.

19

EL NIETO FAVORITO DE MIRÓ

Le conocí a principios de los setenta, en la Facultad de Periodismo de la Universidad de Bellaterra, donde se hacía notar por su aspecto y su actitud *flippant* entre la desaliñada masa antifranquista de la época. Lucía trajes de terciopelo y melena escarolada, y a veces llevaba bajo el brazo algún elepé —eran los años del *glam rock*— de David Bowie, Lou Reed o Roxy Music, en vez del preceptivo ensayo de Vázquez Montalbán o Marta Harnecker. Sabíamos que su abuelo era Joan Miró, pero el hombre no se lo pasaba a nadie por la cara: David Fernández Miró era un tipo encantador con el que se podía hablar de temas culturales y que casi nunca se refería a la política, como si le pareciese —y no le faltaba razón— un asunto muy poco interesante comparado con la poesía de Mallarmé, que más adelante traduciría por placer en sus ratos libres.

Aunque le perdí de vista después de la universidad, la vida se apañó para que nos cruzáramos con cierta frecuencia. A finales de 1980 me lo encontré en Nueva York y, tras una cena copiosa regada con abundancia, nos fuimos juntos al CBGB, mítico tugurio del Bowery que, sin que nosotros lo intuyéramos, ya había iniciado su larga decadencia. Los tiempos en que por su escenario pasaban luminarias como Blondie, Television o los Talking Heads habían pasado a la historia, así que nos tuvimos que conformar con un dúo tecno que daba bastante grima (aunque con la tajada que llevábamos tampoco habríamos sabido apreciar algo mejor: yo me quedé frito en el taxi de vuelta a casa). Comprobamos ambos, eso sí, que el CBGB, comparado con los bares de diseño de Barcelona, era un sumidero infecto en el que bastaba con mirar fijamente el retrete para pillar alguna enfermedad chunga. Para entrar había que esquivar borrachos tirados en el suelo —que igual estaban muertos— y saludar educadamente a las ratas del Bowery, que en aquellos tiempos era el vertedero oficial de Manhattan.

No sé en qué momento empezaron sus problemas con el alcohol y las drogas, pero fueron esas sustancias las que se lo acabaron llevando por delante en 1991, a los 35 años. Cuando lo desintoxicaban de la heroína, se lanzaba a beber como un cosaco. Cuando lo secaban de *whisky*, volvía al jaco. Y así sucesivamente. Seguía siendo un tipo estupendo, eso sí, pero le podía la autodestrucción. A veces se ponía un poco pesadito, como cuando le daba por chinchar a alguien porque sí: de ahí el puñetazo que se llevó una noche en la puerta de Zeleste por parte de un amigo común, un peruano muy simpático, pero con poca correa, que le hizo volar las gafas (creo recordar que yo mismo las recogí del suelo, intactas). En otras ocasiones le daba por intentar suicidarse de manera festiva. Recuerdo una noche, a la salida de Bocaccio, en la que se plantó en mitad de la calle Muntaner y se puso a torear a los coches que bajaban a toda pastilla con la chaqueta reconvertida en capote: hubo que devolverlo a la acera con carácter de urgencia, pero no fue fácil.

David nunca fue el pobre niño rico que tira su vida a los cerdos porque no sabe qué hacer con ella. Los textos que dejó —sobre su abuelo y otros asuntos— muestran a un tipo culto y sensible que podría haber hecho un montón de cosas, como así fue en el caso de Nuevos Medios, la discográfica de Mario Pacheco en la que metió dinero y cuyo logotipo fue un dibujito del abuelo que David le sacó un buen día. Dirigió una galería de arte en París durante un tiempo, leyó sin parar durante toda su vida, cuidó de la obra de Miró y siempre pareció que estaba a punto de alumbrar una novela que nos encantaría a todos sus amigos y que no llegó nunca.

Lo recuerdo toreando coches en mitad de la calle Muntaner y me pregunto, una vez más, en qué momento se le torcieron las cosas.

20

EL TRISTE FINAL DE BOCACCIO

Bocaccio abrió sus puertas en el número 505 de la calle Muntaner en el año del Señor de 1967. Salvador Dalí acudió a su inauguración, pero a mí me fue imposible, ya que solo tenía 11 años. Yo no lo conocí hasta su decadente etapa final, cuando su creador, Oriol Regàs, ya se lo había quitado de encima y aquello se había convertido en un abrevadero para dipsómanos recalcitrantes de última hora a los que se envenenaba con alcohol de garrafón. La buena época, la de las efusiones etílico-cosmopolitas de la *gauche divine*, me la perdí, como todos los de mi generación. Tal vez por eso los chicos de Zeleste nos divertíamos despotricando contra los señoritos afrancesados de Bocaccio, que nos parecían unos rancios y unos pelmazos. Por lo menos, en grupo. A medida que los fui conociendo uno a uno, comprobé que solían ser personas agradables e interesantes que, simplemente, habían hecho lo que habían podido en la Barcelona franquista para entretenerse un poco y hacerse la ilusión de que no vivían en una ciudad de provincias de una dictadura. Uno de los más entrañables era su creador, Oriol Regàs, por el que llegué a sentir un afecto sincero, aunque lo pillé en sus últimos años: pese a haber vivido toda su vida del ocio nocturno, era un tipo al que no le gustaba salir ni beber en exceso y cuyo carácter era de natural melancólico, tirando a depresivo. Un gran chico.

Me tuve que conformar con visitar Bocaccio en sus últimos
años (1982-1985), ya en plena decadencia y porque a esas horas
no había muchas más posibilidades. A Bocaccio se llegaba cocido
y se salía indispuesto. No sé si lo descubrí con Gonzalo Herralde y
Enrique Vila-Matas o, tras las veladas de los bailes selectos en el
Salón Cibeles, con Carlos Pazos y Manel Valls, que salían del local
con los bolsillos llenos de billetes y se los gastaban en Bocaccio
invitando a los amigos. El elitismo de los buenos viejos tiempos
brillaba por su ausencia y allí entraba cualquiera. Quedaban algunos *old timers* de la buena época y a veces te podías cruzar con
Jaime Gil de Biedma hablando con un punk en la barra para ver
si se lo llevaba al huerto, pero, en general, abundaban los beodos
inveterados que ya no eran capaces de reparar en el garrafón que
les estaban endiñando a precio de licor del bueno.

Acababas allí por rutina y porque no siempre te veías con ánimos
para plantarte en los Talleres Tejeda de la plaza Letamendi, donde se
reunía lo mejorcito de cada casa y un número indeterminado de de-
lincuentes. En Bocaccio, por lo menos, no tenías que pensar en tu seguridad —más allá de la resaca, que era de campeonato— y a veces
te cruzabas con gente simpática. Oriol había emigrado a la zona alta
de Barcelona, donde había creado Up & Down y necesitabas corbata para pasar de las copas del Down a las cenas del Up. En el último
Bocaccio, el concepto *dress code* era desconocido y, si no vomitabas
ni armabas bulla, nadie tenía nada que objetar a tu presencia.

Con la edad, el desprecio hacia la *gauche divine* se convirtió en envidia, pues aquel tugurio en el que te envilecías y envenenabas había
sido en tiempos el lugar de reunión de los *happy few*, que diría Scott
Fitzgerald. A los chicos de Zeleste nos tocó el paisaje (y el paisanaje)
de después de la batalla, que dejaba mucho que desear. Ninguno de
nosotros lamentó el cierre del local en 1985. Alguien había pasado
noches estupendas en Bocaccio, pero no habíamos sido nosotros.

EL HOMBRE DE LA *SALOPETTE*

A mediados de julio de 2019 se nos murió de cáncer Jaume Fargas (Manresa, 1952), conocido generalmente como «El Fargas». Si no fue el primer *hippy* de Barcelona, poco le faltó, aunque ese cargo suele atribuírsele al dibujante de cómics (e hindú honorario) Ernesto Carratalá. El Fargas nunca fue dibujante, pero sí un excelente compañero de viaje de la generación de *El Víbora*, revista para la que realizó diversos cometidos, entre ellos, el de añadir los genitales censurados en la edición original de algunos tebeos japoneses. Nadie le vio nunca vestido con algo que no fuera su pantalón vaquero de peto —eso que los franceses llaman *salopette*, una palabra muy graciosa— y siempre tuvo aspecto de ciudadano originario de algún país nórdico, como su hermana Eulalia: ambos eran altos, larguiruchos, más rubios que morenos y con unos rasgos nada comunes entre nosotros (Eulalia es una excelente gastrónoma que goza de buena salud, afortunadamente).

Visto desde fuera, supongo que El Fargas era eso que suele definirse como un excéntrico. Vegetariano, su nevera solía albergar un enorme perolo de arroz que hacía durar toda la semana. Siempre leía el periódico de la víspera porque sostenía —y no le faltaba razón— que las cosas no suelen cambiar radicalmente de un día para otro (y también es verdad que le salía más a cuenta trincar el periódico de un bar que adquirirlo en el quiosco). De pequeño formó parte de la célebre Escolanía de Montserrat, lo cual, intuyo, le llevó de mayor a producir un disco del coro infantil *Els Cantaires del Cadí* —ilustrado por el gran Max—, cuya aparición nos dejó patidifusos a más de uno, pues no entendíamos muy bien qué tenía que ver una agrupación de voces blancas con el *underground*. Ignorábamos que El Fargas era profesor de música por el método Suzuki —que me aspen si sé en qué consiste—, como ignorábamos —o tal vez solo yo— otras cosas del muchacho, como que trabajaba de telefonista nocturno en el hotel Avenida Palace.

Podría haberle conocido en 1974, cuando creó en El Born barcelonés la primera librería de cómics de España, Zap 275, donde había tebeos alternativos de Europa y Estados Unidos conseguidos a través de la *Real Free Press* de Ámsterdam, ciudad donde nuestro hombre tenía muchos contactos (entre ellos, un librero llamado Kees que aparecía cada año por el Salón del Cómic de Barcelona y se pillaba unas tajadas de capitán general del Imperio austrohúngaro). Pero no le conocí entonces porque las tres veces que fui a Zap 275 allí no había nadie y la puerta estaba cerrada y lucía un cartelito que ponía algo así como «Si estamos, estamos, y si no estamos, no estamos». No «vuelvo en 15 minutos» ni nada parecido. Para conseguir acceder a la librería de El Fargas había que confiar en la suerte. Yo abandoné tras la tercera intentona y me quedé sin conocer ese emporio del tebeo *underground*, aunque todos los que fueron más afortunados que yo aseguran que estaba la mar de bien.

El Fargas tuvo durante años un puesto en el Mercado de San Antonio, donde desplegaba su particular cornucopia de tebeos y objetos varios. Siempre con la *salopette* puesta. Mentiría si dijese que llegué a conocerlo íntimamente, pues nuestra relación nunca pasó de breves conversaciones fruto del azar, pero le tenía cariño.

Era un buen tipo que consiguió vivir a su peculiar manera y sin hacer demasiadas concesiones a la dura realidad: de lo más zen que hemos tenido en Barcelona.

22

ÁNCORA & DELFÍN

La librería Áncora & Delfín estuvo instalada en el número 564 de la Diagonal entre 1956 (año de mi nacimiento, aunque debo compartirlo con Miguel Bosé y Artur Mas, cosa que no resulta especialmente de mi agrado) y 2012, cuando la crisis se la llevó por delante. La verdad es que no la frecuentaba mucho en sus últimos tiempos, porque había ya mejores librerías en Barcelona, y la que para mí había sido su principal seña de identidad se había volatilizado. La conocí en la etapa final del franquismo y le cogí cariño por el mismo motivo que a la Librería Francesa: tenían libros editados en otros países —sobre todo, Francia— y en esa época a mí me parecía que todo lo que venía de fuera traía un valor añadido.

En mi recuerdo, siempre tengo asociada Áncora & Delfín a los hermosos álbumes franceses de la editorial Serg consagrados a los clásicos del cómic norteamericano de los años treinta y cuarenta. Dos de ellos me volvían especialmente loco, los dedicados, respectivamente, al *Flash Gordon* de Alex Raymond y al *Príncipe Valiente* de Harold Foster. A los 14 o 15 años pasé muchos ratos hojeando esos dos libros que costaban un ojo de la cara y estaban fuera del alcance de mi semanada. Los miraba como Will More repasaba sus álbumes de cromos en la película de Iván Zulueta *Arrebato*. Si no me sentía vigilado por ningún dependiente, hasta olía las páginas de papel cuché, cuyo aroma me fascinaba porque me parecía que olían a tinta. El de *Flash Gordon* nunca lo conseguí, pero el del *Príncipe Valiente* logré llevármelo a casa tras meses de ahorro sin que nadie me lo soplara en un plazo de tiempo tan largo. Si el volumen no estaba impecable cuando lo compré, fue por culpa mía, que me tiré meses manoseándolo, esperando tal vez que apareciera el dueño de la tienda y, apiadándose de mí, me lo regalara.

Los tebeos no eran aceptados en España como lo eran en Francia, y les aseguro que esas ediciones de lujo daba gloria verlas (y olerlas). Siempre estaban en la parte alta de las estanterías, lo cual me obligaba —aún no había pegado el estirón— a ponerme de puntillas para pillar los álbumes (me hubiese venido bien un escabel, pero supongo que ya era mucho pedir para un gorrón adolescente). Más adelante, empecé a comprar ediciones sudamericanas de libros no editados en España y obras en francés, idioma que había aprendido de forma algo rupestre prestando atención en clase y comprando de vez en cuando el semanario *Pilote* (nunca olvidaré la frase de un quiosquero del paseo de Gracia cuando me dijo: «Esta semana no ha llegado por los follones que hay en París»; se refería, claro está, al mayo del 68, que a mí me pilló con 12 años).

Áncora & Delfín merecería una placa en el lugar que ocupó durante tantos años (como la juguetería de al lado, también desaparecida, llena asimismo de objetos inasequibles): estoy convencido de que llevó la alegría a mucha gente durante el franquismo. Con la democracia se convirtió en una librería buena, pero normal, y agonizó desde la crisis de Lehmann Brothers hasta cerrar en 2012. Descanse en paz. Y muchas gracias por los servicios prestados a la ciudad en general y a mí en particular: aún hoy, de vez en cuando, saco de la estantería el álbum del *Príncipe Valiente*, lo huelo y vuelvo a aquella estantería que estaba casi fuera de mi alcance. Es mi versión particular de la famosa magdalena de Proust.

MI (FALSO) TÍO FAVORITO

Aunque en el entorno familiar mi tío favorito siempre fue un simpático funcionario madrileño casado con una hermana de mi padre y que respondía por el muy hispánico nombre de Luis García, en mi falsa familia de amigos, ese cargo lo ocupó hasta su muerte el gran Bigas Luna. Siempre me trató como una especie de hermano mayor o tío de América, pero sin asomo de condescendencia, y a mí me encantaba. Cuando te sacaba a comer —le gustaba situarse en la barra de El Botafumeiro, tal vez porque en las mesas de tan noble establecimiento abundaban las parejas turbias, modelo chatarrero y jaca de algún país del Este—, sabías que el papeo iba a ser una fiesta, y la conversación, una mezcla de reflexión sobre la existencia y anécdotas que se te quedarían grabadas para siempre.

Se llamaba José Juan, pero nadie le llamaba por su nombre de pila, ni su primera mujer, Consol, ni la segunda, Celia. Para todo el mundo era Bigas o El Bigas. Había en su actitud algo muy zen y nunca le vi perder los estribos. Hasta su cambio de pareja se basó en la civilización y el consenso: Bigas y Consol se veían mucho con un matrimonio amigo; tanto, que hubo tiempo de sobra para que los cuatro se diesen cuenta de que preferían estar con el cónyuge ajeno; tras el intercambio, la relación siguió discurriendo con la misma placidez. Yo creo que eso dice algo bueno sobre alguien, algo muy bueno.

Yo diría que se entregó al cine con la misma actitud. A veces le salían las cosas bien y a veces no tanto: la espléndida *Bilbao* (1978), aquella joya rodada en plan guerrilla, sin pedir permisos para nada, fue seguida de la decepcionante *Caniche* (1979); tras la estimulante trilogía compuesta por *Jamón, jamón, La teta y la luna* y *Huevos de oro*, llegó la espantosa *Bámbola*; tras la fascinante incursión en el mundo *choni* que fue *Yo soy la Juani*, se despidió del oficio y de la vida con *Di Di Hollywood*, un largometraje que habría estado mejor de contar con una actriz en vez de con Elsa Pataky. El intento de colarse en el cine americano con dos películas magníficas, *Reborn* (1981) y *Angustia* (1987), no fue muy allá: de Estados Unidos solo le llegaron ofertas absurdas, como una secuela de *Viernes 13* o *Pesadilla en Elm Street* (ahora no lo recuerdo con exactitud). La muerte de Pepón Coromina, productor, amigo y hermano del alma, afectó notablemente su carrera (a los demás, simplemente, nos dejó hechos polvo).

A Bigas le encantaba el entrañable cutrerío español y el *glamour* de Hollywood, cosas perfectamente compatibles. Actividades de apariencia primarias como el sexo o la comida conseguía elevarlas a la categoría de arte. Algo *poseur*, pero nada pedante, de ese hombre permanentemente vestido de negro emanaba una especie de autoridad moral de las que no se pueden impostar (ni poner en duda) y una actitud muy bondadosa hacia las personas que le caían bien (a las otras las esquivaba con suma elegancia). Nos dejó en 2013 a causa de una leucemia y yo sigo echándolo de menos en la pantalla y en los restaurantes. Creo que no soy el único.

24

ZIG ZAG, CLUB SOCIAL PARA MODERNOS

Aunque ahora pueda sonar a exageración, entre finales de los años setenta y mediados de los ochenta, Barcelona tenía los bares nocturnos —o centros de socialización para *moderniquis*— más bonitos del mundo. Bastaba con visitar París o Londres y comprobar que, por regla general, el diseño de interiores se la traía al pairo a los dipsómanos que leían *The Face*, por no hablar de plantarse en el mítico CBGB neoyorquino, un sumidero de proporciones reducidas pero letales. Supongo que la cosa se debía, en parte, al hecho de que en nuestra ciudad dabas dos patadas al suelo y salían doce arquitectos, treinta diseñadores de interiores y cuatrocientos diseñadores gráficos. La verdad es que tardé lo mío en dejar de pasmarme ante la cantidad de diseñadores de todo tipo que habitaban en esta ciudad. Pudiendo aspirar a ser escritor o director de cine, me tiré mucho tiempo sin entender esa obsesión barcelonesa por el diseño, de la que, por otra parte, me beneficiaba.

De todos esos bares de antaño, el que recuerdo con más cariño era el Zig Zag —calle Plató, número 13, en la esquina con Muntaner—, donde mis noches empezaban y a veces terminaron a lo largo de una serie de años. El equipo responsable de aquel hábitat —Guillem Bonet, Antxón Gómez, Alicia Núñez y el difunto Ramon Olives— hizo un gran trabajo que fue premiado en 1980 con un galardón del FAD. Y, a nivel personal, creo que fue allí donde nació mi primer álbum de cómics, *La noche de siempre*. Una noche se me acercó el amigo Javier Ballester, en arte Montesol, y me dijo que había empezado una historia que no sabía cómo continuar. Llevaba seis páginas, me las pasó, las reescribí. Añadí otras cuarenta. Así acabamos pariendo *La noche de siempre*, una reflexión generacional bastante autocrítica que trataba de reflejar una época y una manera juvenil de ser y estar.

Al Zig Zag podías ir solo porque sabías que no ibas a estarlo mucho rato. Se tardaba muy poco en cruzarse con un conocido, y con otro, y con uno más, hasta acabar formando parte de un grupo de esos que, si se montan en la calle, la policía os pide que os disolváis. La banda sonora era excelente —Bowie, Talking Heads, Roxy Music, Elvis Costello...— y cuando el punto álgido de mi tajada coincidía con *Back on the chain gang*, de los Pretenders, el momento de plenitud y felicidad era de los que nunca se olvidan. Allí se fraguaron muchos planes que, por regla general, no llevaron a ninguna parte. En aquella barra me venían a la cabeza ideas geniales para un cuento o una novela que apuntaba en servilletas de papel (y que, al día siguiente, caso de entender mi propia letra, lo que no siempre sucedía, se me antojaban unas memeces descomunales: a veces, la diferencia entre una epifanía y una perogrullada solo depende de la ingesta de alcohol).

A partir de la segunda copa —la primera solía bebérmela de un trago, poniéndome perdida la camisa en más de una ocasión—, el Zig Zag se convertía en un estado mental. Ya lo decía la etiqueta de Bombay, *Gin is a state of mind*, consigna que desapareció años después por culpa de la corrección política. Todo era pura apariencia, claro está, pues nunca dejabas de ser el jovenzuelo pretencioso que eras al entrar, pero, en cualquier caso, esa apariencia resultaba muy satisfactoria.

No sé exactamente cuándo cerró ese cuartel general de los *moderniquis*, pero durante un tiempo fue para mí una especie de segundo hogar, bastante más estimulante que el primero. A partir de cierto nivel de intoxicación, uno era capaz de dejarse arrastrar por los amigos en busca de otro garito, pero no solía salir a cuenta: lo mejor era quedarse solo en la barra, delirando mentalmente sobre tu brillante futuro y dándole la chapa al DJ para que te volviese a poner *Back on the chain gang* o *Heroes*. Hasta que no podías con tu alma, salías a la calle Muntaner, parabas un taxi —alguna vez llegué a intentar parar un semáforo en verde, lo reconozco— y desplomarte en el asiento de atrás, ajeno a la evidencia de que toda esa euforia nocturna mutaría en una resaca matutina absolutamente cruel, criminal y, sobre todo, aguafiestas.

25

CÓMO JUGAR BORRACHO A LOS BOLOS

Ahora es un cine que proyecta películas en versión original subtitulada, pero se fundó en 1953 como bolera. Durante los años ochenta fue un bar (en la parte superior del local) y una bolera (en la parte inferior). Lo frecuenté mucho durante esa época, cuando era lugar de encuentro obligado para jóvenes modernos que estaban a punto de irse a Nueva York o acababan de volver de allá y lo recuerdo con sumo cariño. Empezó a languidecer a finales de la década y acabó chapando en 1993. Me refiero al Boliche, situado en el número 508 de la Diagonal, casi tocando a Tuset.

No sé quién tuvo la brillante idea de emborrachar al personal en la planta de arriba para que luego pasaran a la de abajo a poner en peligro la vida de los que jugaban sobrios, pero les aseguro que la cosa tenía su gracia. Por regla general, los de arriba —que habíamos venido a lo que habíamos venido— no frecuentábamos a los de abajo, a no ser que alguien —yo mismo, sin ir más lejos— anunciara desde lo alto de su torrija que podría ser divertido echar una partidita a los bolos. Uno ya tenía cierta experiencia en jugar al billar americano bajo los efectos del alcohol, pero con los bolos no era exactamente lo mismo: lo máximo que te puede pasar frente a una mesa de billar es rajar el tapete con el taco o lanzar la bola a cierta distancia, pero las posibilidades de que

esta le abra la cabeza a alguien son escasas. En los bolos, el beodo se pone en peligro a sí mismo y a quienes le rodean (a no ser
que formes parte del selecto círculo de amistades de The Dude,
el protagonista de *El gran Lebowski*). El infeliz del carril de al
lado, concretamente, puede recibir en la chola el impacto de una
bola que pesa lo suyo. De acuerdo, el dipsómano apuntaba a los
bolos, pero a veces se le disparaba el proyectil hacia donde no era.
Me extraña que la autoridad competente no tomara cartas en el
asunto, ya que la convivencia entre el alcohol y los bolos podía
llegar a ser muy complicada.

La más elemental prudencia aconsejaba elegir entre la planta
de arriba y la de abajo, pero algunos insensatos dados a las epifanías inoportunas, como un servidor de ustedes, aspiraban a lo
mejor de ambos mundos. Creo que hubiese salido más a cuenta
para la salud de todos los presentes instalar unos autos de choque
en el sótano, pero parece que no se le ocurrió a nadie.

El Boliche de mi juventud estaba instalado en la Casa Coll Por-
tabella —donde ahora está el cine—, un edificio de 1913 desde cuyo
principal supervisó Franco el Desfile de la Victoria de 1939. Cator-
ce años después se inauguraba la bolera, que no visité jamás hasta
que se convirtió en un centro de esparcimiento y delirio para los
moderniquis. Lo recuerdo como un bar muy iluminado, carente de
la habitual penumbra de esa clase de sitios, y lleno de una alegre
muchachada que le daba a la priva como si no hubiese un mañana. Estaba tan acostumbrado a echar allí las noches que, cuando
vino a actuar a Barcelona el gran John Foxx —del que yo era un
rendido admirador desde que ejercía de líder del grupo Ultravox,
con el que grabó tres discos espléndidos (sobre todo el segundo,
Ha Ha Ha) antes de que lo sustituyera Midge Ure, hombre que
sirve para un barrido y para un fregado y que lo mismo heredaba
un grupo como Ultravox que le fabricaba un disco al posturitas

de Steve Strange, que en paz descanse (Strange, no Ure)— y hubo que escoger un decorado para hacerle unas fotos para *El Noticiero Universal* —diario delirante del que ya les hablaré en una próxima ocasión—, lo cité en el Boliche. No sé qué tenía que ver el gélido tecnopop de nuestro hombre con los bolos, pero así le funcionaba a uno la cabeza en aquellos tiempos: supongo que era como situar en casa a un admirado desconocido.

Boliche nunca partió la pana por sus copas o por su interiorismo, pero atrajo a un montón de gente que me caía bien durante unos cuantos años. Los que faltaban para cambiar de abrevadero o, en mi caso, para considerar la posibilidad de alejarme de la bebida.

26

EL RUMBERO INTELECTUAL

Muchos años antes de que Kevin Johansen nos hablara en una de sus canciones de *La cumbiera intelectual*, corría por Barcelona otro argentino al que le dio por aplicar su intelecto a la rumba, música de gitanos y otras gentes de malvivir. Se llamaba Javier Patricio Pérez Álvarez y todo el mundo lo conocía como Gato Pérez; realmente tenía cara de minino, aunque el *whisky* le atraía muchísimo más que la leche.

En su momento, algunos puristas la emprendieron con él por no ajustarse del todo a las convenciones del género. No se le llegó a acusar de apropiación cultural, como a la pobre Rosalía, porque ese concepto idiota aún no había calado en la sociedad. Y porque yo creo que Gato, como Bowie cuando publicó *The Young Americans* —su peculiar homenaje a la música negra afroamericana—, siempre supo que lo suyo no era auténtico ni falta que le hacía.

Lo que Bryan Ferry y David Bowie hicieron con el rock, Gato lo hizo con la rumba y el acercamiento de todos ellos a géneros ya existentes los hizo avanzar de manera más que notable. En caso de haber sido acusado de apropiación cultural, Gato podría haber seguido el ejemplo de Bowie: «Como soy blanco e inglés, no puedo ser realmente *funky*. Por eso, a lo mío lo llamo *plastic funk*».

La rumba de Gato no era de plástico, pero sí una cuidadosa revisión del género que incluía esporádicos desvíos hacia la balada o la milonga. De ahí su valor, su interés y su humildad. Nuestro hombre no pretendió nunca dignificar un género menor sino ofrecer su propia visión del asunto, que no podía ser la misma que la de un gitano de Gràcia: un día me contó que quería formar un grupo llamado Victor Hugo y los Miserables, lo que, lamentablemente, no llegó a suceder.

Nacido en Buenos Aires en 1951, Gato llegó en 1966 a Barcelona, de donde solo se movió para una estancia en Londres que no arrojó los frutos deseados. Tras un breve flirteo con el *jazz*, se propuso reinventar la rumba —como haría algo después con la canción española su amigo Ricardo Solfa, también conocido como Jaume Sisa—. Y vaya si lo logró. Solo tenía un problema: le aterrorizaba actuar en directo, se ponía muy nervioso y solía recurrir a la ayuda etílica. ¿Le faltaba sabrosura? Es posible, pero le sobraba talento, como demostró especialmente con sus letras, que a veces eran pequeñas novelas en la línea del «Pedro Navaja» de Rubén Blades.

Yo lo recuerdo siempre en Zeleste, a altas horas de la noche, en compañía del Sisa, el Trópico y el Flavià, ebrios de soledad, como tituló uno de sus mejores temas. Una vez me presentó a José Agustín Goytisolo: no sé de dónde venían, pero iban muy contentos y con ganas de seguir estándolo; fue mi único encuentro con el autor de *Palabras para Julia*.

En *petit comité*, Gato era un contertulio sensacional que solo perdía el hilo cuando aparecía en su campo de visión algún trasero femenino de indudable interés. Lamentablemente, la salud no era lo suyo: sufrió un infarto en 1981 y otro, el definitivo, en 1990. No tenía ni 40 años, aunque es posible que, parafraseando otra de sus canciones, hubiese forzado un poquito la máquina, pero ¿quién no lo hacía en aquella Barcelona que ya no existe?

27

FLOWERS EN LA ORQUÍDEA

No puedo presumir de haber visto actuar a los Beatles en Hamburgo, pero sí de haber asistido a los dos conciertos que Flowers, el fotógrafo alternativo más famoso de Barcelona, maestro del desenfoque creativo, ofreció en el difunto club La Orquídea en 1978. La Orquídea estaba en Gràcia —concretamente en el número 40 de la calle Bruniquer— y era un tugurio infame, aunque con un gran ambiente: yo diría que es lo más parecido que hemos tenido en Barcelona al CBGB neoyorquino. Especializado en músicos oscuros, pero interesantes, La Orquídea acogió conciertos del gran Jaume Cuadreny o de Los Psicópatas del Norte, grupo liderado por mi viejo amigo de los escolapios, Carlos Merseburger, muerto por sobredosis varios años después y al que volveremos próximamente en una de estas crónicas sobre cadáveres gloriosos y sitios que ya no existen.

La Orquídea era lo más *underground* del *underground* local —también pasaron por allí héroes del ruidismo posindustrial como Macromassa o Los Peruchos—, y su propietario, al que nunca conocí, tuvo un día la humorada de dejar actuar al Flowers, personaje al que uno todavía se cruza de vez en cuando por la ciudad y que sigue sin superar la disolución de The Jam (en su momento, despertó a las tantas de la mañana a mi amigo Ignacio

Julià, por vía telefónica, para informarle del luctuoso aconteci-
miento). Flowers publicaba sus fotos en los dos templos periodísti-
cos alternativos de la época, las revistas *Star* y *Disco Exprés* (a las
que también volveré próximamente), así que el grueso del público
de sus dos inolvidables conciertos en La Orquídea lo compusimos
los colaboradores de ambas publicaciones (a la salida nos hicimos
una foto de grupo impresionante, todos vitoreando al Flowers y
bastante cocidos).

Decir que Flowers cantaba sería una exageración. El hombre
berreaba consignas y proclamas revolucionarias mientras el grupo Palo —«que se merece un respeto», como nos dijo— le seguía
como buenamente podía. Destacó entre su repertorio «Pamela,
reina de la autopista», pieza fundamental donde las haya, que
vino precedida de una escena cuanto menos curiosa: el hombre
se hizo con un ramo de flores e intentó diseminarlas por la sala
anunciando que quien pillara una accedería al mundo de la tal
Pamela, con tan mala fortuna que se olvidó de retirar el cordelito
que mantenía unidas las flores y el ramo le fue a dar en toda la
cara a mi amigo Manel Valls, que no se mostró muy satisfecho con
la experiencia: se había hecho el silencio y pudimos oír perfectamente a Manel clamando: «¡Será hijo de puta!». El concierto —o lo
que fuera, yo creo que más bien se trataba de una *performance*—
continuó entre los vítores del respetable, que se tronchaba de risa,
pero con cierto respeto hacia un personaje que, en su delirio pop,
se le antojaba entrañable.

Si alguien busca a Flowers —cosa que no me consta que haya
sucedido hasta ahora—, lo puede encontrar en el bar María, en la
calle de Gràcia del mismo nombre, donde tiene instalado su cuartel general y trata de vender sus fotos y el calendario que edita
disciplinadamente cada año. Cuando chaparon *Disco Exprés* y
Star en 1980, se nos quedó un poco como el pintor de paredes al

que se le retira la escalera y se queda agarrado a la brocha, pero el hombre ha resistido heroicamente hasta la actualidad gracias a su habilidad para la práctica de la economía sumergida.

No recuerdo si volví a La Orquídea después de aquellos dos conciertos seminales, pero me consta que el local acabó cerrando. Hasta el *underground* tenía unos límites que La Orquídea se saltaba tranquilamente a diario. Era tan alternativo —a la realidad y a lo alternativo— que aquello no podía durar. Descanse en paz, como Cuadreny y mi amigo Carlos.

28

LOS AÑOS DE *STAR*

Mucho antes de que nuestros caminos se cruzaran en la revista *Star*, Juan José Fernández era un jovenzuelo impetuoso, más aficionado a la velocidad que el mismísimo Marinetti, al que le encantaban las carreras de coches. Un mal día se pegó una piña que ríanse ustedes de la del narrador de la canción de Estopa «Por la raja de tu falda». Un poco más y la diña. En ese momento, su señor padre, que dirigía una editorial que publicaba tebeos y una colección literaria, digamos, ecléctica —lo mismo te encontrabas una novela de Émile Zola como *Las carceleras sádicas de las SS*, ejemplo que me acabo de inventar, pero la cosa iba por ahí—, volvió a intentar por enésima vez que se integrara en el negocio familiar y se olvidara de imitar a Steve McQueen: le financiaría lo que quisiera a condición de que dejara de hacerle sufrir. Juanjo, que ya era de natural alternativo y le gustaban mucho los cómics, dijo que le apetecería dirigir un tebeo *underground*. Así nació *Star* en 1974, publicación que permitió a los españoles familiarizarse con la obra de Robert Crumb o Gilbert Shelton, titanes del cómic subterráneo de la época (hubo un número especial dedicado a *Fritz the Cat* que, como otros números de la revista, sufrió el secuestro gubernativo).

Conocí a Juanjo a finales de los setenta, cuando *Star* ya había mutado en revista de música, cine, literatura y demás artefactos pop. Creo recordar que fue a través de mis amigos Juan Bufill e Ignacio Julià, aunque no descarto que el inefable Manel Valls tuviese algo que ver (Manel era nuestro compañero de billar americano en aquellas noches de la Transición barcelonesa). La empresa de Fernández padre tenía su sede en la Gran Vía, delante de la plaza de toros Monumental. Si te dejabas caer por la redacción de *Star*, te encontrabas a Juanjo en su despachito leyendo revistas extranjeras y recortando fotos de sadomasoquismo, un tema que le ponía. De vez en cuando, se daba una vuelta por la editorial, chicoleando con las empleadas de una manera que hoy lo convertiría en víctima de las del #MeToo.

Si pillaba a alguna resfriada, le decía: «¿Ves lo que pasa por dormir con el culo al aire?». Si se topaba con una embarazada: «¿Ves lo que pasa por dormir sin bragas?». La verdad es que nadie se le enfadaba y lo máximo que podía pasarle era que lo enviaran a tomar por saco. Eran otros tiempos.

Además de una revista, *Star* era un estilo de vida, y los colaboradores, una especie de familia disfuncional cuyo padre espiritual era Juanjo. Nos íbamos de copas juntos —aunque Juanjo nunca pasó del agua con gas o el Cacaolat— y, a veces, de concierto. Recuerdo una velada gloriosa en la que, viendo que llegábamos tarde a un concierto de Iggy Pop, bajo una lluvia intensa y generadora de atascos, Juanjo subió al centro de la Gran Vía su contundente *jeep*, en el que íbamos apretados Juan, Ignacio y un servidor, y llegamos al Palacio de los Deportes sin atropellar a nadie. El mérito era doble, pues esa misma mañana, entre Juanjo y yo, le habíamos jodido la rueda de prensa al pobre Iggy a base de no dejar de hablar ni de beber mientras el hombre intentaba responder a las preguntas. El mánager nos llamó la atención, nosotros lo enviamos a la mierda porque para algo éramos más punks que nadie y la rueda de prensa pasó a mejor vida, no sin que antes nos señalara

Iggy y dijera: «Lo siento, pero la culpa es de esos dos». Luego me contaron que el señor Pop iba diciendo que como se nos ocurriera aparecer por su concierto nos partiría la cara personalmente (lo que no sucedió).

La familia disfuncional se deshizo en 1980, cuando la revista se hundió. Sin el apoyo paterno, Juanjo no se vio con ánimo de correr riesgos y José María Berenguer acabó haciendo con *El Víbora* lo que le tocaba hacer a él. En fin, fueron casi tres años muy divertidos durante los cuales muchos empezamos a desarrollar un estilo inspirado en Tom Wolfe y Hunter S. Thompson que no nos impidió, años después, acceder al *mainstream* periodístico. *Star* fue una gran escuela para escritores insumisos y un amigo para muchos lectores españoles que, poco después de la muerte de Franco, pudieron asomarse a la modernidad y a lo alternativo. Como suele decirse, fue bueno mientras duró.

29

LA ESCALERA QUE APRIETA

Creo que fue Miguel Gallardo quien bautizó la redacción barcelonesa de la revista *Disco Exprés* como «la escalera que aprieta».
Ya no recuerdo ni en qué barrio estaba, pero nunca olvidaré el
estado deplorable en el que llegaba a la redacción en las pocas
ocasiones que me veía obligado a visitarla. Aunque me he pasado
la vida viviendo en edificios sin ascensor, les aseguro que nada
se puede comparar con la escalera que conducía a *Disco Exprés*,
publicación *underground* que, curiosamente, estaba situada en el
piso más alto de la finca. Yo no sé quién diseñó esa escalera, pero
el tipo tenía muy mala entraña. Creo recordar que la altura de los
peldaños cambiaba de rellano en rellano, que había unas curvas
cerradísimas y que, cuando por fin llegabas a tu destino, entrabas
tosiendo, echando el bofe y con la impresión de que el ataque al
corazón era inminente: no se le podía hacer eso a una pandilla de
jovenzuelos con resaca, francamente. Menos mal que allí te recibía
ese admirable estoico que era (y es) José María Albanell —actualmente retirado en un pueblo del Ampurdán—, situado al frente de
la publicación por el nuevo propietario, su amigo Gay Mercader:
en el entorno caótico del periodismo alternativo, créanme si les
digo que Albanell cumplía una función sedante y lenitiva muy de
agradecer, y además era (es) muy buen tío.

Disco Exprés nació en Pamplona en 1968 y se la escribía prácticamente solo el inefable Joaquín Luqui. Pronto se apuntaron mis admirados Diego Manrique y Jesús Ordovás y la cosa ganó en enjundia y selección, dado que a Luqui, como es del dominio público, le gustaba todo en general, no sé si porque carecía de criterio o porque era de un eclecticismo admirable que algunos cenizos nos empeñábamos en no entender. Yo accedí a ese templo del *underground* a finales de 1977, cuando la redacción se había trasladado a «la escalera que aprieta» y el que nos pagaba (a veces) era Gay Mercader. Se ganaba poco, pero se podía escribir lo que a uno le saliera de las narices. Como en el *Star*. Y entre esas dos revistas, aunque parezca increíble, se ganaba uno un dinerillo: teniendo en cuenta que en muchos bares no pagabas porque eras del *Disco Exprés*, del *Star* o, en mi caso, del *Disco Exprés* y del *Star*, y que los conciertos te salían gratis, no vivíamos tan mal como aparentábamos. De cuando en cuando, alguien le colaba al pobre Gay un comentario displicente o directamente insultante sobre Tequila, pues el jefe era en esa época el mánager de un grupo que nos daba mucha grima a todos. No se corría ningún peligro, ya que, si Albanell no detectaba el sarcasmo de turno, Gay le pegaba el chorreo a él.

Yo solo me llevé uno por persona interpuesta. Estaba en casa de José María Martí Font una mañana cuando le llamó Gay para abroncarnos por haberle dicho a un periodista del *Tele Exprés* (¿o era *El Correo Catalán*, o el *Diario de Barcelona*? Es igual, los tres están muertos; ah, la confidencia tuvo lugar en Zeleste y los tres estábamos borrachos) que llevábamos tiempo sin cobrar y que él, Gay Mercader, era un jeta. La noticia había salido esa misma mañana en el diario en cuestión. Martí Font salió del brete como pudo y, curiosamente, a partir de ahí, mi relación con el jefe se cimentó de forma notable, hasta el punto de que ahora lo considero un viejo y querido amigo que se paga de vez en cuando unas comilonas memorables. Lo normal es que nos hubiese despedido —entre otros motivos porque el culpable de no pagar era un turbio socio que tenía por aquel entonces y que también le jorobó la existencia a Pepón Coromina—, pero la cosa acabó bien y, además, cobramos.

El largo entierro de *Disco Exprés* duró los dos años que yo estuve colaborando. El intento de convertirlo en la *Rolling Stone* no fue bien comprendido, pero por aquel *Disco Exprés* pasaron Quim Monzó, Gallardo y Mediavilla, un servidor de ustedes y hasta Jiménez Losantos. Como *Star* —con la que compartíamos colaboradores y mascota, el Flowers—, fue una buena escuela de periodismo marginal que chapó a finales de 1979. Lástima de «la escalera que aprieta».

30

EL MALOGRADO

Cada vez que escucho la canción de Morrisey «The first of the gang to die», me viene a la cabeza mi amigo de los escolapios, Carlos Merseburger, al que siempre vi como alguien que lo hacía todo antes que nadie, incluyendo, lamentablemente, morirse. Por lo menos en mi entorno más cercano, Carlos fue el primero en follar, el primero en probar las drogas, el primero en irse de casa, el primero que vivió en una comuna, el primero que hacía lo que le daba la gana y el primero en diñarla de una sobredosis de heroína. Hizo un montón de cosas en muy poco tiempo, ordenando sus dispersos intereses creativos como buenamente podía, dedicándose a la poesía, la pintura y el *rock & roll*, faceta por la que más se le recuerda, si es que lo recuerda alguien aparte de su última novia, Rosa, y cuatro amigos.

Carlos se hizo notar rápidamente en el colegio de curas porque la idea de la disciplina que tenía la institución no coincidía con la suya. Un día me enroló para una gamberrada que ya no recuerdo y acabamos los dos reclamados, castigo que consistía en acudir al colegio en sábado y encargarnos de alguna tarea molesta. Pero casi siempre se la cargaba él solo, pues le divertía extraordinariamente agotar la paciencia de profesores y clérigos. Así hasta que lo echaron hacia el final de nuestro bachillerato, momento en el que empezamos a vernos de vez en cuando y se convirtió para mí en una especie de ejemplo del apetecido *walk on the wild side*. Mientras yo seguía viviendo en casa de mis padres, sin sacar la rebeldía de mi cuarto, y yendo a la universidad, Carlos se dedicaba, mucho antes que Ricky Martin, a *livin' la vida loca*. Evidentemente, se desvirgó mucho antes que este buen burguesito que les habla, y todo lo hizo antes: viajar —en la realidad o a través del LSD—, vivir a su aire y hasta formar tres grupos musicales, mientras yo solo conseguí escribir sobre música pop a finales de los setenta en revistas del *underground*. Los grupos se llamaban Tendre Tembles, Los Psicópatas del Norte —el mejor gracias a la vasca Rosa Arruti, la única mujer que he conocido que podía ser adusta y encantadora a la vez— y Los Erizos, pero no queda nada de ellos más allá de alguna canción perdida en algún álbum recopilatorio de diferentes bandas.

Yo vi actuar a Los Psicópatas del Norte en La Orquídea —el hogar musical de Flowers y Jaume Cuadreny— y les puedo asegurar que allí había algo que, si no era talento, se le parecía mucho: eran como una versión barcelonesa de The Velvet Underground o Television, todavía a medio cocinar y sin gran control de los músicos sobre sus instrumentos, pero aquel ruido más o menos estructurado te llegaba al alma, y les juro que no me pierde la amistad: a Los Psicópatas les sobraban ideas y actitud. Recuerdo en concreto un instrumental llamado «Castigo» que era exactamente eso: varios minutos de electricidad desquiciada que se te clavaba en la cabeza y te provocaba un placentero dolor, sobre todo si te habías tomado algo. Marginales entre los marginales, los grupos de Carlos nunca accedieron a nada más que una pequeña corte de fieles, pero la actuación que yo vi de los Psicópatas parecía el inicio de algo glorioso que no llegó a suceder.

Poca cosa queda del amigo Carlos: unos cuadros alucinados que firmaba con el alias de Lyzandra y que no sé en qué manos estarán, un poemario titulado *Los falsos seudoides*, bajo el seudónimo de Zane Speer y publicado póstumamente y el recuerdo de su carismática figura entre quienes lo conocimos. Cuando reventó a los treinta y tantos, pensé, una vez más, en lo moralista que suele ser la vida, que es como si le dijera al difunto que había comenzado a labrarse su destino cuando empezó a amotinarse en un colegio de curas, cuando se fumó su primer canuto, cuando echó su primer polvo o cuando abandonó el hogar paterno. Como tantos otros, Carlos vivió rápido y murió joven. Como Sinatra y Sid Vicious, eso sí, lo hizo todo a su manera.

31

PROGRAMA DOBLE

En España, la posguerra duró muchísimo. Yo diría, exagerando un poco, pero tampoco tanto, que hasta los años sesenta, con la aparición del turismo y de los Beatles. Nací a mediados de los cincuenta y no viví la etapa más dura del franquismo, pues me tocó lo que los afectos al régimen definían eufemísticamente como la *dictablanda*. Extranjeras en bikini y *rock & roll*: mucho más de lo que habían disfrutado los sufridos barceloneses de los años cuarenta y cincuenta. Eso sí, no me siento capaz de suscribir la peculiar afirmación del Flowers en el documental que se le dedicó: «A mí el franquismo no me afectó: los discos de los Kinks llegaban sin ningún problema. De lo que sí estuve en contra fue de la guerra del Vietnam».

En la década de los sesenta se conservaban varias cosas de las anteriores, y una de ellas era el cine concebido como un barato entretenimiento a base de programas dobles que te tenían entretenido más de cuatro horas para que no te calentaras la cabeza con otros asuntos. Existían unas salas, llamadas de reestreno, en las que me pasé todas las tardes de sábado de mi infancia en compañía de mi hermano mayor y de mi abuela, que era la que custodiaba los bocadillos de la merienda. Lo de ir a un cine de estreno era algo que en mi casa no se contemplaba. Mi hermano el cinéfilo llegó a saber con exactitud cuándo llegaría determinada película a nuestro barrio, pues en esa época había un circuito de distribución que solía seguir un orden estricto, pasando cada largometraje por diferentes salas, hasta terminar en las más baratas. Solo en mi barrio tenías a tu disposición cines como el Iris, el Emporio o mi favorito, el Oriente, que ofrecía una alegría extra al usuario: el techo se plegaba y desplegaba, permitiéndote mirar al cielo si la película no era demasiado entretenida. La primera vez que observé ese prodigio me quedé fascinado.

El Oriente —calle Aragón, 197, entre Aribau y Muntaner— inició su andadura el 8 de febrero de 1940 con un programa doble compuesto por *Horizontes perdidos* y *La casta Susana*, cerrando sus puertas en 1975, cuando uno ya tenía cosas mejores que hacer los sábados por la tarde que ir al cine con su abuelita. Entre 1976 y 1984 cambió de nombre, convirtiéndose en el cine Roma, que también chapó, cediendo las instalaciones a una sala X que estuvo en marcha veinte años, cerrando en 2004 ante la evidencia de que el vídeo permitía al respetable meneársela discretamente en casa y al cine porno solo iban onanistas y pervertidos varios, muy necesitados de una fumigación desde un helicóptero que sobrevolara la sala cuando el techo estuviese abierto.

Los cines de programa doble eran un hogar lejos del hogar y, en ocasiones, unos sitios más estimulantes que ese hogar. Cada vez que apagaban las luces en alguno de ellos, yo recurría a un ejercicio mental de lo más pueril que consistía en vivir el momento, en recordarme que luego habría que volver a casa y el lunes al colegio, pero que las cuatro horas y pico que tenía por delante eran todas para mí. Así empezó mi refugio en la ficción: en los tebeos, en los libros, en las películas... Un refugio que todavía me resisto lo mío en abandonar.

EL CLUB DE LOS TEBEOS

A principios de los setenta, cuando en Barcelona los tebeos no le importaban un rábano a nadie, yo estudiaba (es un decir) en la Facultad de Periodismo de la Universidad de Bellaterra y albergaba la idea peregrina de que algún día me ganaría la vida como guionista de cómics. A medias con mi amigo de los escolapios Toni Olivé —quien, posteriormente, tocaría el bajo en el grupo pop Melodrama, que serían a Sisa lo que The Band a Dylan, o eso sostengo yo—, facturaba unas historietas de dos o tres páginas inspiradas en el humor de René Goscinny, Marcel Gotlib y otras luminarias de la revista francesa *Pilote* (que Toni compraba con más frecuencia que un servidor, ya que la semanada de su padre era más generosa que la del mío). Nuestros ídolos del momento eran Ventura y Nieto, dos primos de Madrid que vivían en Cadaqués y se pegaban la vida padre, como pude comprobar un fin de semana que arrastré a mi socio, que se acababa de echar novia, hasta esa bella población del Ampurdán, no sin abundantes quejas por su parte. Como nos sentíamos muy solos e incomprendidos, pusimos un anuncio en el *Star* para buscar colegas con los que sacar un *fanzine* y de ese anuncio me salieron dos amigos para toda la vida, Ignacio Vidal-Folch y Joan Navarro.

En aquellos tiempos pleistocénicos, Navarro era el alma de una pandilla de aficionados a los cómics que atendían por Club de Amigos de la Historieta (aunque Joan a veces se refería a ellos, por diferencias de criterio, como Club de Amigos de Cualquier Historieta). No tardé mucho en sumarme a sus reuniones, que tenían lugar en el bar Velódromo de la calle Muntaner, famoso por sus mesas de billar, a las que acudía siempre en sus visitas a Barcelona mi tío Luís, funcionario madrileño del Ministerio de la Vivienda. Puede que vistos desde fuera pareciésemos una pandilla de botarates infantiloides, pero yo me sentía allí en mi salsa: se valoraba mucho en aquella época encontrar gente con las mismas parafilias artísticas que uno. Navarro lideraba el sector moderno de la cuadrilla, pero lo que más abundaba eran los fans de los clásicos norteamericanos, personas cuya vida había cambiado a mejor gracias a *Flash Gordon*, *El Príncipe Valiente* o, en un caso, concreto, *Superman* (el sector clásico lo comandaba el ínclito José María Delhom, funcionario civil de la administración militar que necesitaría un capítulo de esta serie para hacerle justicia, pero aún sigue vivo).

Ignacio no tardó en apuntarse a esas reuniones, cuyo volumen contribuimos a elevar a base de inflarnos a cervezas. El club publicaba un boletín y unos números especiales dedicados a un autor en particular: gracias a mi amistad con Navarro, Toni y yo pudimos dar a la imprenta un par de nuestras historietas, que leídas ahora dan vergüenza, pero en su momento nos parecían dignas de Ventura y Nieto o de *Les dingodossiers* de Goscinny y Gotlib. Fue mi primera obra publicada y aún recuerdo la alegría que experimenté al ver el tebeíto (que los del sector clásico no acogieron con tanto entusiasmo).

Eran unas reuniones ingenuas e inocentes, como las de esos pintores domingueros de los que hablaba Paolo Conte en una de sus canciones, los que van cumpliendo años, pero siguen teniendo la *faccia di bambino*. Creo que Ignacio y yo fuimos de los primeros en abandonarlas, pues no necesitábamos excusas para pimplar. Luego ya nos metimos con Navarro en la edición de cómic y aquello quedó como un recuerdo entre cutre y entrañable de lo solo que se sentía uno cuando nadie se tomaba los tebeos en serio. Nunca conseguí ganarme la vida como guionista, pero me lo pasé muy bien. Y aquellas reuniones un pelín absurdas de excéntricos, modelo cada loco con su tema, me vienen cíclicamente a la imaginación, aunque haga años que no se celebran y ya la hayan diñado varios de sus participantes.

Ahí empezó todo. ¿Todo qué? No lo sé muy bien, pero en el altillo del Velódromo uno atisbaba un futuro glorioso. ¿Qué más se podía pedir a los 18 años?

33

LA BARCELONA GERMANÓFILA

Hubo una etapa de mi juventud en la que me convertí en un germanófilo cultural. El principal responsable fue Wim Wenders, cuyas primeras películas —*Summer in the city, Alicia en las ciudades* o *En el curso del tiempo*— me tragaba en la Filmoteca de Barcelona en vez de ir a clase en la Facultad de Periodismo de Bellaterra: mi experiencia universitaria fue lamentable, entre el programa y los profesores, pero debo reconocer que fomentaba enormemente la actitud autodidacta.

De Wenders —al que consideraba entonces un alma gemela, alguien que me explicaba exactamente lo que necesitaba que me contaran—, pasé al gran Rainer Werner Fassbinder, creador torrencial con más películas en su haber que años tenía cuando reventó: *El asado de Satán, Las amargas lágrimas de Petra von Kant, Amok* o *La ley del más fuerte* figuran entre mis favoritas. Profundizando en el cine alternativo alemán, llegué hasta Daniel Schmid —que era suizo, pero da igual—, del que me fascinaron *Esta noche o nunca* y *La Paloma* (como actor, lo recuerdo siendo acribillado a balazos en *El amigo americano*, de Wenders), y Werner Schroeter, esteta decadente que dirigía óperas y películas como *La muerte de María Malibran* (protagonizada por la fascinantemente horrenda Magdalena Moctezuma), *El reino de Nápoles* y *Palermo* o *Wolfsburg*.

La fascinación germánica no tardó en trasladarse a otros ámbitos. La música pop, sin ir más lejos, donde el grupo de Düsseldorf Kraftwerk formó parte de mi banda sonora hasta que se cansaron de componer material nuevo y se dedicaron a vivir de las rentas: pude verlos actuar en Barcelona antes de que empezaran sus décadas de vagancia y disfruté muchísimo con aquellos cuatro aspirantes a cíborg (ignorando a esos amigos buenistas que, tras ver la portada de *The man machine*, deducían que eran una pandilla de nazis, lo cual no era cierto).

La literatura también me nutrió de material adecuado: me enganché a los libros de Peter Handke y Thomas Bernhard (ambos austríacos) y, en un esfuerzo retrospectivo, me tragué *Las inquietudes del joven Werther* y *Berlin Alexanderplatz*, este en francés porque aún no se había traducido al español y jamás he reunido el valor necesario para aprender alemán.

De la misma manera que los locales cierran y los amigos se mueren, los romances culturales también tienen fecha de caducidad. Separarse de una ciudad o de un escritor o un cineasta tiene cierto parecido con separarte de tu novia. Necesitamos novedades y nos cansamos de lo que ayer nos fascinaba. Me sucedió con París y con mi etapa germánica. No fue del todo culpa mía: la televisión alemana dejó de financiar a esos señores tan peculiares que he citado —o eso me dijo Wim Wenders cuando lo entrevisté en Berlín: un tipo encantador que me da la impresión de que perdió el norte hace años, aunque nunca olvidaré el consejo que me dio: «Cruce a Berlín Oriental. Allí verá lo que queda de Alemania» (mensaje críptico, pero muy sugerente)—, Kraftwerk optó por la ley del mínimo esfuerzo, Fassbinder, Schmid y Schroeter fallecieron, a Handke le dio por ponerse de parte de Milošević, cosa que sigo sin entender a día de hoy, aunque me parece muy bien que le hayan dado el Nobel...

No fui el único barcelonés de mi generación en sufrir la influencia germánica, todo ese torrente de talento literario, cinematográfico y musical que nos cayó encima para luego irse secando paulatinamente. En la actualidad, mis contactos con la cultura alemana se reducen a las películas del austríaco Ulrich Seidl y los *emails* que intercambio con mi amigo Wolfgang Wesener, un fotógrafo de Colonia al que conocí hace años en Nueva York, donde sigue viviendo. Es un gran chico.

LA JOYA DE LA CORONA

Entre 1983 y 1986, Barcelona contó con un bar muy pequeño, muy especial y muy acogedor. Se llamaba Bijou y, como su nombre indica, era una joyita insólita en el Ensanche barcelonés y, prácticamente, una instalación artística muy típica de uno de sus fundadores, Carlos Pazos, gloria del conceptual local y amigo de quien esto firma desde finales de los setenta, cuando organizó, a medias con el carismático Manel Valls, los célebres bailes selectos del Salón Cibeles. Aunque del diseño y el interiorismo se encargó el otro socio fundador, Gabriel Ordeig (Londres, 1954 - Barcelona, 1994), el espíritu melancólico y juguetón del amigo Pazos impregnaba aquel pequeño espacio situado un poco por encima de la Diagonal, en una esquina de la Vía Augusta, presidido por una cascada de botellas relucientes tras la barra: sobre esa cascada reinaba un frasco que era como la joya que daba nombre al bar y que, como me comentó Carlos un día, no contenía alcohol y solo era un trampantojo líquido con una mezcla de té y ya no recuerdo qué más.

En el Bijou siempre estabas apelotonado, porque el espacio no daba más de sí (los cursis de los años cuarenta y cincuenta lo habrían definido como «una bombonera»), pero nunca te entraba el agobio, generalmente porque conocías a quienes se apretujaban elegantemente contigo. La puerta de la entrada era deslizante y de vidrio: más de uno se la había comido al intentar entrar demasiado deprisa, y algunos habían sido proyectados al exterior por apoyarse en ella con la copa en la mano mientras aparecía un nuevo cliente, pero nunca hubo que lamentar daños personales, más allá de un molesto impacto en la nariz o una caída de culo.

En la barra atendía el gran Fernando —nunca me quedé con su apellido—, gran profesional de lo suyo al que ya conocíamos del Zig Zag y que lucía una calva ebúrnea y una media sonrisa permanente. Si estabas solo, Fernando te daba conversación, y si ibas acompañado, se colaba en ella de manera discreta: se acodaba cerca de ti, sonreía por lo bajini ante las muestras de ingenio que utilizabas para intentar fascinar a tu compañera de copas y, cuando menos te lo esperabas, metía baza y te jodía la noche; aunque hay que reconocer que lo hacía con mucha gracia y nunca se lo tenías en cuenta. Falleció hace algunos años, dejando muy buen recuerdo en todos aquellos a los que, desde una u otra barra, nos había echado de beber.

También nos dejó Gabriel Ordeig, al que yo había conocido a finales de los setenta cuando estaba al frente de Free Difusión, colectivo de grupos musicales —como los Peruchos o Los Psicópatas del Norte— en el que hizo estragos la heroína. Una vieja jeringa compartida se lo llevó por delante casi veinte años después, cuando ya había creado (en 1985) la empresa de muebles Santa & Cole con su mujer, Nina Masó, y Javier Nieto —la compañía luce el segundo apellido de Nieto y Ordeig—, tenía una hija y parecía estar muy bien encarrilado en esta vida: la verdad es que fue una broma moralista de muy mal gusto.

Carlos Pazos sigue dedicado a sus cosas y cuenta con dos premios nacionales de artes plásticas, el de verdad y el que otorga la Generalitat. Vive habitualmente en París, cada vez está más por Galicia —donde tiene una de las dos sedes de la fundación Pazos/

Cuchillo— y solo vuelve a Barcelona para deprimirse, pues es plenamente consciente de que esta ciudad es ideal para la melancolía y la desesperación, que nada tienen que ver, lamentablemente, con aquel *désespoir agréable* al que se refería Erik Satie en una de sus composiciones más hermosas.

35

EL REY DEL SARCASMO

Descubrí a Jaume Perich (1941-1995) gracias a la sección dedicada a los cómics que tenía en un tebeo de Bruguera (creo que el DDT) y a sus traducciones de las andanzas de *Astérix, El Teniente Blueberry* o *Aquiles Talón*, tres glorias de la historieta francesa. Con su obra empecé a familiarizarme, curiosamente, en los escolapios de la calle Diputación, donde el padre Paco, que solía dedicar las llamadas horas de estudio a ponernos discos de Capri y de su señor padre, Paco Martínez Soria, se apiadó un día de sus alumnos y nos leyó unos extractos de un libro que Perich acababa de publicar, *Autopista* (1971), una miscelánea de textos y chistes que el hombre había concebido como sarcástico homenaje a *Camino*, el breviario de monseñor Escrivá de Balaguer, fundador del Opus Dei al que ahora, previo pago de su importe, se conoce como *San Josemaría*. Creo que fue la única vez en que el padre Paco, un sujeto algo siniestro, me hizo reír.

Conocí al glorioso Jaume muchos años después, cuando él ya había fundado las revistas *Hermano Lobo* y *Por favor* y era uno de los humoristas gráficos más populares de España. Alguien me había dicho que Perich era un tipo adusto y displicente, pero resultó ser todo lo contrario: la simpatía mutua fue instantánea, aunque eso no impidió que la revista que habían puesto en marcha el tándem Tom & Romeu, *Histeria semanal*, se fuese al garete en menos de dos meses. Tal vez se debiera a que las reuniones de la redacción —regadas con todo tipo de licores; Romeu, Tom, Andreu Martín y yo le dábamos al gin tonic, mientras Perich se ponía a gusto de ginebra con Vichy Catalán— eran mucho más divertidas que lo que conseguíamos plasmar en las páginas de la revista. Yo estaba encantado de codearme con aquellos *cracks*, pero algo debimos de hacer mal, ya que nos caímos con todo el equipo en un tiempo récord.

Perich era un maestro del sarcasmo, pero lo usaba con mucha prudencia. También brillaba en la *self deprecation*, cosa muy anglosajona, aunque él, como todos los cerebros pensantes de su generación, tenía un punto afrancesado: recuerdo una vez en que el periódico para el que trabajaba me envió a cubrir un concierto de Juliette Gréco, me topé con Perich y le pregunté qué hacía allí. Su respuesta me puso en mi sitio: «Perdona, ¿qué haces TÚ aquí?». Tenía razón: yo era un jovenzuelo de la *new wave*, y él, un devoto de la *chanson*.

Perich no soportaba el aburrimiento. Por eso se fue de *La Vanguardia*, lo cual escandalizó al conde de Godó: «Usted no puede hacerme esto. Piense que en la larga historia de este diario no ha dimitido nunca nadie. Si quiere, le pongo un despacho para usted solo, pero no se vaya». Ni así lo convenció. Es lo que tienen los versos libres. Creo recordar que el artista se pasó a *El Periódico*, donde encontró algo más de vidilla.

Su muerte me pilló por sorpresa y fuera de España. No solo desaparecía un amigo, sino una de las mentes más lúcidas de Barcelona. Le echo especialmente de menos estos últimos años, con toda esta tabarra del *prusés*, a la que se habría enfrentado con una dosis industrial de su demoledor sarcasmo. Me pasa lo mismo con Terenci Moix: habrían sido dos camaradas estupendos para los miembros de la *Resistance*. Lo que más les sacaba de quicio a ambos (y a mí) era la estupidez, y ahora, de eso, en Barcelona tenemos para dar y regalar.

36

CUANDO TODOS LEÍAMOS
THE FACE

Hace un par de semanas, me compré en la FNAC, por una mezcla de curiosidad y nostalgia, el primer número de la nueva etapa de la revista británica *The Face*, que tanto me había alegrado la juventud. Ahora es trimestral, no mensual, y tiene muchas páginas, aunque la mitad son de publicidad de pijadas. Mandan las fotos y los textos están reducidos a la mínima expresión, no le vaya a reventar la cabeza a algún milenial.

No tiene ningún interés, dudo que dure mucho y, además, me la tomo como un insulto a lo que representó la original en sus tiempos (1980-2004). Vamos, que piqué con *The Face* como pico con los álbumes de *Astérix* y *Blake & Mortimer* tras los fallecimientos de René Goscinny y Edgar Pierre Jacobs. La nostalgia es un error, ya lo decía José Luís de Vilallonga, marqués de Castellbell y tío de mi amigo Alfonso, cantautor de fuste y actual barón de Maldá.

Yo diría que la época gloriosa de *The Face* fue la década de los ochenta, cuando todos en Barcelona la leíamos (cuando digo todos, me refiero a la gente con la que me trataba; o sea, cuatro matados con pretensiones cosmopolitas que accedíamos cada mes a las alegrías del *Swinging London* y nos sentíamos así parte de la modernidad: la juventud no es tan solipsista como la adolescencia, pero casi). La revista la fundó en 1980 Nick Logan, que venía de

The New Musical Express, y la diseñó Neville Brody, un tipo muy brillante al que los grafistas barceloneses *moderniquis* admiraban y, a veces, hasta copiaban.

La parte visual era fundamental: por eso compraba *The Face* mucha gente que no sabía ni papa de inglés, pero que, con el rutilante diseño y con mirar los santos, ya se apañaban. Siempre tuvo un punto esnob, pero ¿acaso no lo teníamos también los que la leíamos? El grueso del contenido era la música pop, pero quedaba espacio para la moda, el cine —vaya turra que nos dieron con la decepcionante *Absolute beginners*, de Julien Temple, un destrozo en toda regla de la estupenda novela de Colin MacInnes— y demás alegrías contemporáneas.

En aquella época, comprar prensa extranjera en Barcelona no era la caza del tesoro en que se ha convertido actualmente, cuando dependes de la FNAC y de algunos quioscos con un dueño emprendedor. Cualquiera podía hacerse con *The Face* y sus sucedáneos —el mejor de todos fue la revista *Blitz*, ya fallecida— y si, recibías visitas, no podía faltar en tu mesa de centro. Musicalmente, en los ochenta hubo basurillas a granel —los New Romantics, Boy George o el inenarrable (y también difunto) Steve Strange—, y *The Face* las asumió y reivindicó todas con una alegría digna de mejor causa, pero no se le podía echar la culpa: su misión era mostrar el *zeitgeist* de la época, fuera el que fuese, y en eso nadie le pudo pasar la mano por la cara. Creo que dejé de comprarla a mediados de los noventa, pero aún conservo ejemplares que me ayudan a recordar cómo era yo en los ochenta: un tipo que se creía más listo de lo que era, pero que trataba de formar parte de una escena cultural internacional, aunque fuese de manera vicaria y a través del papel impreso.

No fue una revista perfecta, pero sí un icono de una época concreta en una Barcelona concreta: la que venía del *underground*, se reía de Jordi Pujol y aún no sabía que iba a ser olímpica. Lo que ahora se puede encontrar en los quioscos es como el catálogo de IKEA, pero con pretensiones: no queda en la nueva *The Face* casi nada de la vieja. Solo el esnobismo. Corregido y aumentado. Como se dice vulgarmente, para este viaje no hacían falta alforjas.

37

LA RISA DE JORDI MESALLES

Hay gente incapaz de controlar su propia risa. En ese sector hay dos subgrupos: los que ríen siempre a un gran volumen y los que empiezan normal, enfilan un *crescendo* triunfal y acaban pegando un berrido que se parece poderosamente a un relincho. Estos son mis favoritos, y a ellos pertenecía mi amigo Jordi Mesalles (Barcelona, 1953 - 2005), director teatral, profesor del Institut del Teatre de su ciudad natal y autor esporádico (*Els Beatles contra els Rolling Stones*, que escribió a medias con Miguel Casamayor en 1981). Nos hicimos amigos, aunque el teatro nunca ha sido lo mío, gracias a una visión compartida de la sociedad catalana, cuyas miserias nos gustaba analizar en los restaurantes donde quedábamos a comer y en los que ofrecía gratuitamente a los demás comensales sus inenarrables relinchos: no lo hacía para incordiar, es que le salía natural. Peor es esa gente que va contigo por la calle y, de repente, se para y te detiene porque tiene algo tan importante que decirte que no lo puede hacer andando. O los que, mientras hablan contigo, se van acercando a ti sin darse cuenta hasta que acabas contra un árbol y con la nariz del sujeto a tres centímetros de la tuya.

Dada su escasa voluntad patriótica, Mesalles nunca contó con las simpatías del régimen pujolista, pero siempre se las apañó

muy bien para llevar al escenario las obras que le apetecían. Y no
se puede decir que tuviese mal gusto: el hombre montó funciones
de, entre otros, Alberto Moravia, David Mamet, Milan Kundera,
Samuel Beckett, Thomas Bernhard o Yukio Mishima. También
intentó llevarme a mí al escenario, con una adaptación de mi segunda novela, *Nadie es inocente* (1982), pero la cosa no llegó a
cuajar. Tal vez pretendimos estirar mucho la cuerda: aguantar
a Mesalles era algo a lo que el régimen se había acabado acos-
tumbrando, pero incluirme a mí en la propuesta ya no se podía
tolerar.

Mesalles era un optimista nato y nunca se quejaba de su situación social en el ecosistema teatral catalán. Sabía lo que había que
hacer para medrar, pero no le daba la gana hacerlo. Cuando murió, las esquelas corporativas fueron obras maestras de la hipocre-
sía y el filisteísmo, pero así somos en Barcelona. En Cataluña —y
en España en general—, si quieres que hablen bien de ti, lo mejor
que puedes hacer es morirte. No recuerdo quién dijo lo de que en
España se entierra muy bien —¿Rafael Azcona?—, pero tenía más
razón que un santo.

A veces me acuerdo del amigo Mesalles y de nuestros almuerzos con relincho. Era un gran tipo. Nunca he sabido de qué murió
y ya es un poco tarde para que me importe. Pero lo que nos llegamos a reír... Eso no me lo quita nadie.

38

EL SALÓN DE LECTURA DE PABLITO

Pablito no se llama Pablito, pero me resisto a revelar su identidad para que no parezca más peculiar y excéntrico de lo que ya es. Le conocí en la universidad, pasamos por las mismas revistas del *underground* barcelonés y ahora se dedica a la crítica y el comisariado de arte. Pablito es un tío muy listo que ha conseguido algo imposible para casi todos: imponerse a la sociedad que lo acoge. Durante una larga época, solía encontrármelo en la desaparecida librería Collector (Pau Claris, 168, entre Mallorca y Provenza), que él había convertido en su salón de lectura particular para desesperación, que enseguida derivó a fatalismo, del responsable del establecimiento, quien veía cómo mi amigo era capaz de tirarse tres horas leyendo las revistas extranjeras en las que se especializaba para acabar comprando *Le Monde* del día (cuando había suerte) o nada de nada (en la mayoría de ocasiones).

Uno combatía la melancolía provinciana en esa época yéndose a la estación de Francia (siguiendo el ejemplo de Joan de Sagarra), sentándose en las escaleras frente al mar del final de La Rambla o pasando por Collector, donde el amasijo de publicaciones extranjeras era impresionante. Allí me hacía yo con *Rolling Stone*, *Esquire*, *Vanity Fair*, *The Face* y demás boletines satinados de la modernidad, que me ayudaban a soportar la realidad cultural de mi ciudad o a vivir en la inopia, no lo sé muy bien. En Collector había de todo, incluyendo *Guns & Ammo*, órgano oficioso de la Asociación Nacional del Rifle con una divertida sección que ofrecía empleo a mercenarios. Entre los libros, abundaban los de temática militar, pero la sección de arte también estaba muy bien. Yo, básicamente, compraba revistas. Y Pablito las leía gratis, según él porque tenía que hacerse una idea de su contenido antes de proceder a un gasto inevitablemente oneroso.

El dueño lo recibía con frases sarcásticas del modelo «¡hombre, ya está aquí mi cliente favorito!», pero lo único que obtenía de mi amigo era una media sonrisa acompañada de un movimiento de cabeza de izquierda a derecha, como diciendo «si así crees que te vas a librar de mí, vas dado». Nunca se libró de él. La librería tuvo que chapar para que aquel santo varón pudiera perder de vista a Pablito, a quien intuyo que el cierre le afectó mucho más que a mí, pues había atravesado años de hostilidad y sarcasmos para llegar a su privilegiada posición en ese entorno que había convertido en su salón de lectura. A veces me lo cruzo por el Ensanche y lo veo como perdido, pues la desaparición de librerías como Collector le ha dejado sin referentes en la ciudad: le queda la FNAC de Plaza Cataluña, pero no es lo mismo, no se está tan ancho, tan a gusto, tan cómodo, y el dependiente cambia con frecuencia, por lo que es imposible establecer una relación sadomasoquista tan satisfactoria como la de Collector.

A mí también me sentó mal el cierre de ese emporio. Di con uno similar hace unos años, en La Rambla, pero también me lo cerraron. Como el fantástico quiosco de la rambla de Cataluña con Mallorca que actualmente es una tienda de bombones Lindt. Ahora pillo el material donde buenamente puedo, y lo hago porque soy un fósil del siglo XX enganchado al papel. Pero lo de Pablito es mucho peor: cuando cerró Collector, se quedó sin salón de lectura, de ahí que ahora te lo cruces y veas a un hombre que ha sufrido una sensible pérdida. No sé qué habrá sido del librero, pero era un tipo muy simpático.

LA MUJER DEL CUADRO

En la Barcelona juvenil de los años ochenta, las hermanas Núñez eran una presencia constante. Creo que eran cuatro. O puede que cinco. Todas muy activas, divertidas y dotadas de un gran sentido del humor. Y, aunque a veces lo pareciesen, no formaban una pandilla de frívolas *flappers* en busca de marido: cada una se dedicaba a sus cosas y lo hacía muy bien. La que más me gustaba era Isabel, una mujer bellísima con un rostro antiguo, casi prerrafaelita, uno de esos rostros que han pasado de madres a hijas prácticamente idénticos: la mirabas y te imaginabas el cuadro de una mujer igual que ella que podía ser su madre en 1952 o su abuela en 1929, colgando en alguna mansión del Ensanche barcelonés (o de Figueres, donde nació mi amiga).

Me gustaba tanto que, una noche en la que me había cocido a conciencia, me dio por demostrarle mi afecto haciendo el pulpo de una manera bochornosa. Fui amablemente rechazado y no es de extrañar: ¿quién quiere llevarse a casa a un muerto viviente que se pasará la noche roncando y saldrá corriendo a primera hora de la mañana, muerto de vergüenza? Afortunadamente, Isabel nunca me lo tuvo en cuenta, como pude comprobar cuando me la volví a cruzar y no hizo ni la menor referencia a mi metedura de pata, como si nunca hubiese tenido lugar.

Nos vimos con más frecuencia cuando ambos habíamos dejado atrás la vida de *barfly*, como decía Bukowski, y siempre mantuvimos agradables conversaciones sobre los temas que nos interesaban: la literatura, la música, la lenta decadencia de nuestra ciudad... Isabel se ganaba la vida como traductora del inglés —hizo hablar en español a Patricia Highsmith y a Dorothy Parker— y, sin prisas ni pausas, iba publicando sus propios libros de relatos. Conservaba su atractiva melancolía juvenil, un tanto tamizada por el paso del tiempo y, supongo, por la presencia de un hijo. El hecho de que hubiese mantenido romances con amigos míos como Carlos Pazos o Javier Mariscal ya no propiciaba la envidia que me llevó a amargarle aquella noche en Bocaccio a finales de los ochenta y de la que hago responsable a Mariscal, porque siempre ha sido muy bruto para estas cosas y era capaz de explicarte, con pelos y señales (nunca mejor dicho), lo especialmente acogedora que resultaba la vagina de Isabel.

La dulce Isabel Núñez murió de cáncer en 2012. Dedicó sus últimos años a algo aparentemente tan nimio, pero tan noble en el fondo, como salvar un árbol de su barrio y el edificio que lo acogía, aventura que iba mucho más allá de un árbol y que se convirtió en su último libro, *La plaza del azufaifo*. Siempre me recordó un poco a Daisy Buchanan, el amor imposible de Jay Gatsby, la mujer que le pedía a Dios que su hija fuese una tontita para no sufrir lo que había sufrido ella a causa de la funesta manía de pensar: la vida de una *flapper* que piensa no es ninguna ganga.

40

LA MALDICIÓN DEL BAR HAWAII

Aunque ya nadie lo toma, el Amer Picon fue un aperitivo bastante popular en la Barcelona de los años cuarenta y cincuenta. No me extraña: estaba francamente bueno. Se lo inventó en Argelia el francés Gaëtan Picon en 1837, aunque entonces se llamaba Amer Africain. Hecho a base de ralladuras de naranja embebidas en alcohol y con un toque de quina y raíces de genciana, se servía frío tras haber restregado las paredes de la copa con granadina. Mi amigo Carlos Prats —un excéntrico de tomo y lomo, prácticamente un secundario de las novelas de P. G. Wodehouse que tanto nos gustaban a los dos— se aficionó al picón a principios de los años ochenta y me arrastró con él a su delirio. Hubo que encontrar, eso sí, un bar en el que aún lo sirvieran. Y lo encontramos en la esquina de Mallorca con Enrique Granados. Se llamaba Hawaii (con dos íes) y en él mandaba una señora a la que llamaré Madame J., pues tenía un nombre francés, aunque era más catalana que el *noi de Tona*, lo cual no le impedía expresarse en un perfecto castellano aprendido, digo yo, tras largos años sirviendo copas a los gerifaltes del régimen franquista. Su marido rondaba por allí, pero era claramente un personaje secundario, tanto para los clientes como para Madame J.

El local era bonito de una manera anticuada. Los clientes —salvo Carlos y yo— eran de edad provecta y parecían llevar años reuniéndose allí para saborear ese picón que cada día escaseaba más en los bares de la ciudad. Madame J. nos recibió bien y nos trató siempre con una deferencia inmerecida, mientras su marido nos lanzaba a veces algunas miradas torvas desde un extremo de la barra. Había algo que chirriaba en aquella pareja. Pese a su actitud impecable, te recordaban a veces a esas parejas turbias que regentan una taberna en las novelas de Simenon y que llevan a pensar al comisario Maigret que se halla ante una cortesana jubilada y su macró. Aunque también daban perfectamente el tipo de guardeses de una mansión en la que ella ejerciese de cocinera y él de chófer y puede que también de mayordomo.

A veces traicionábamos a Madame J. y nos íbamos a tomar picón al Balmoral, en la Diagonal, otro sitio que ya no existe, pero era solo para satisfacer las tendencias sádicas del profesor Prats —daba clases en un instituto y los amigos le habíamos puesto ese apodo—, que disfrutaba enormemente pidiéndole la bebida a un camarero muy bajito —al que rebautizó como *el Sapito* y que llevaba pantuflas con el esmoquin— que debía encaramarse a lo más alto de la estantería para pillar esa botella de Amer Picon que nunca pedía nadie. Cada excursión del *Sapito* provocaba en el profesor Prats una risita siniestra de la que hoy día sigo avergonzándome.

El Hawaii acabó chapando —o se murieron los clientes o Madame J. ingresó en una residencia, pues también era talludita— y desde entonces, ningún negocio ha funcionado en su lugar. En las ciudades hay puntos malditos. No tiene explicación, pero es así. He visto no menos de seis locales de restauración fracasar desde que cerró el Hawaii, y ahora hay un bar de vinos al que no le veo remontar el vuelo, la verdad sea dicha. No sé qué fue de Madame J. y su siniestro marido. Y hace años que no sé nada del profesor Prats, aparte de que rodó algunos documentales meritorios, como

el dedicado a Loquillo o el de los amigos andaluces del difunto Joe
Strummer. Hasta no hace mucho, todavía me lo cruzaba por el
Ensanche y siempre se alegraba de verme y prometía llamarme la
semana que viene. No lo hizo nunca.

41

LA LÍNEA CLARA

A principios de los años ochenta, a una pandilla de iluminados del mundo del cómic nos dio por reivindicar *Las aventuras de Tintín* y a su autor, el belga Georges Remi, en arte Hergé. Frente al hábitat infernal en el que se movían los principales personajes de *El Víbora*, nosotros oponíamos la línea clara y las historias con exposición, nudo y desenlace. Motivo suficiente para que José María Berenguer, editor de *El Víbora*, nos tachara de reaccionarios y rancios —tampoco le gustaba que lleváramos corbata irónica cuando lo que había que hacer era seguir su ejemplo y lucir sandalias con calcetines a cuadros—.

Comandaba la aventura de *Cairo* mi viejo amigo Joan Navarro, que llevaba un tiempo trabajando en Norma Editorial y había convencido al patrón, Rafa Martínez, de la pertinencia de sacar esa revista que tanta ilusión nos hacía a unos cuantos: un servidor, Montesol, Ignacio Vidal-Folch, el grafista Josep Solà (alias *El Esquinado*, por motivos demasiado largos de explicar), Roger Subirachs (que en paz descanse) y una pandilla de estupendos dibujantes valencianos que se apuntaron encantados (Daniel Torres, Sento, Mique Beltrán o el difunto Micharmut, el más raro y peculiar de todos ellos).

La verdad es que el único que se tomaba en serio la supuesta batalla entre *El Víbora* y *Cairo* era Berenguer, no sé si por ideología o porque le hacíamos la competencia y le soplábamos algunos dibujantes —Gallardo dio lo mejor de sí con Pepito Magefesa—, ya que los demás coincidíamos en los mismos bares y teníamos los mismos vicios, sobre los que no me extenderé. En esos años, los cómics se pusieron de moda, algún indocumentado los consideró parte de la Movida madrileña y uno creyó que los tebeos entraban a formar parte definitivamente de la cultura contemporánea. Luego ya vimos que no fue así, que todo había tenido un punto de espejismo *moderniqui*, pero, como se dice en estos casos, que nos quiten lo *bailao* (o lo *dibujao*).

En *Cairo* publiqué dos álbumes por entregas, *Fin de semana*, con Montesol, y *Velvet nights*, con Sento, que entonces vivía en Alcoy: fue muy gracioso planificar el álbum allí, durante las fiestas de moros y cristianos, bebiendo licor café con un libro de Mario Puzo sobre Las Vegas —donde no habíamos estado— como fuente de inspiración gráfica y viviendo la vida loca en las viñetas. Todo iba más o menos bien hasta que, por motivos que ya no recuerdo, nos indispusimos con Rafa y nos largamos dando un portazo, aunque *Cairo* siguió viva un tiempo más.

Creo que deberíamos haber sido más pacientes, pero nada divierte más a una pandilla de tíos de veintitantos años que dimitir porque, en teoría, no se les permite llevar adelante su actividad visionaria (ahora estamos a partir un piñón con Martínez, por cierto). Fueron más de dos años estupendos en los que, salvo pequeñas excepciones, pudimos hacer lo que nos dio la gana. Unos años que nunca se repetirían, ni para nosotros ni para nadie que yo conozca del mundo del cómic.

Luego vendrían los años del hambre y los proyectos frustrados. Pero eso, como se suele decir, ya es otra historia. Me quedo con la suerte que tuvimos una pandilla de jovenzuelos un pelín arrogantes al hacernos con un juguete maravilloso con el que, como Dale

Carnegie, hicimos amigos e influimos en la sociedad. Puede que no mucho, de acuerdo, pero cada vez que entro en el grupo de Facebook consagrado a *Cairo* me hago la ilusión de que todo aquello valió la pena. Fue bueno mientras duró, como reza el tópico.

EL TÍO MÁS SIMPÁTICO
DE BARCELONA

Ya no recuerdo cómo llegué a conocer a Ia Clua (Barcelona, 1961-2011), pero sé que cruzármelo por el Ensanche era siempre motivo de alegría. De hecho, creo que solo quedamos a comer de manera oficial en un par de ocasiones: la mayoría de encuentros tuvieron lugar en mitad de la calle y siempre duraban más de la cuenta a base de buscar un bar para tomar algo y retrasar convenientemente la hora de llegar a donde se dirigía cada uno. Fue así como llegué a la conclusión de que el amigo Ia (diminutivo de Josep Maria) era el tipo más simpático que había en Barcelona: siempre se alegraba de verte, siempre tenía novedades que explicarte y siempre encontraba motivos o personas sobre los que ironizar o, directamente, despotricar.

Aunque me perdí sus años iniciales en la música con el grupo Dos més un (trío formado con su hermano y el gran Manel Joseph, que luego sería el cantante de la Orquestra Platería y lo más parecido a Héctor Lavoe que hemos tenido en Barcelona), a partir del dúo que formó con Jordi Batiste en los setenta me hinché a ver conciertos en Zeleste de lo que ellos mismos definían como la payasada Ia & Batiste. Y es que Ia & Batiste han sido lo más raro y excéntrico —junto a Música Dispersa, el grupo de Sisa que solo grabó un disco sensacional— que ha dado la música pop de esta ciudad. Si Frank Zappa se preguntaba si el humor tenía cabida en la música, Ia & Batiste le contestaban que sí en cada actuación. En disco, ese humor persistía, pero se imponía la belleza de las canciones, insólitas en el panorama musical de la época. Su tendencia a la humorada hizo que muchos no se los tomaran en serio, pero eran los mismos que se compraban los discos de La Trinca como si los de Canet fueran una cima del humor sutil hecho canción.

Los señores Clua y Batiste se separaron dos veces, dejando unos años por en medio y legando a la posteridad cuatro álbumes de los que los más interesantes son los dos primeros. Mientras Batiste recurría a un álter ego llamado Rocky Muntanyola, Clua parecía encaminarse hacia el éxito con su propio *doppelganger*, Moto Clua, y un disco producido con generosidad por Ariola en 1978 que, lamentablemente, no llegó a ninguna parte. Ia acabó componiendo para la publicidad y editando algún disco decente que no solía venderse. Pero eso no parecía quitarle el sueño. Se había propuesto tomarse la vida como un jolgorio y así lo hizo hasta que un veloz cáncer se lo llevó por delante en 2011.

Me acuerdo de él cada vez que deambulo por el barrio y ya no puedo verlo doblando la esquina, dibujando una gran sonrisa en su redondo rostro y diciendo: «¿Tienes cinco minutos para un café?». Yo siempre tenía esos cinco minutos. Y los sigo teniendo, pero Ia ya no se deja ver, convertido en uno más de los fantasmas de mi Barcelona.

43

BIKINI, LA PUNTILLA DEL DIPSÓMANO

Cuando yo empecé a frecuentar la sala Bikini (1953-1990) a finales de los años ochenta, ya no era ese local elegante y elitista diseñado por el arquitecto Julio Chinchilla Batista que había pugnado en los años cincuenta con La Rosaleda por la presencia de la burguesía más chic. Para mí era, únicamente, el destino final de una nocturna romería etílica, el lugar al que acudíamos cuando nos echaban de Bocaccio, el sitio en el que te ibas a tomar las últimas y más dañinas copas de la velada. Me encantaría poderlo describir, pero me es imposible: llegaba tan perjudicado a Bikini que no veía prácticamente nada más que la barra y la pista de baile. Sí recuerdo que había una puerta batiente como las de los *saloons* en los *westerns* ante la que una noche se plantó Enrique Vila-Matas esperando el momento oportuno de cruzarla. Como no estaba en condiciones de imponer su voluntad a la puerta, esperaba el momento más seguro para atravesarla sin que lo derribase: todo dependía de quienes la cruzaban en una u otra dirección —no sé a dónde llevaba, pues el minigolf y la bolera de los inicios habían pasado a mejor vida—, dejando el necesario espacio para que mi amigo pegase la carrerilla que lo llevaría sin lesionarse al otro lado.

La más elemental prudencia aconsejaba no ir al Bikini, pero a veces, como sabrán todos los que hayan bebido en serio en alguna etapa de su vida, era imposible no hacerlo. Yo solía quedarme poco tiempo, pues, tras ingerir un par de copas que no me hacían ninguna falta, huía veloz en busca de un taxi que me llevara rápidamente a la camita. Allí solo se eternizaban profesionales del trago como Enrique, su novia Paula y su amigote peruano Vladimir Herrera. Enrique daba muestras de un peculiar ingenio en su época de bebedor, que ya ha pasado a la historia. Recuerdo una noche en Bikini que lo pillé a cuatro patas junto a la barra, como si buscara alguna cosa que se le hubiese caído al suelo, y que cuando le pregunté si había perdido algo, me miró de manera melodramática y respondió: «Sí, he perdido a Paula». Acababa de dejarle plantado tras una breve discusión (siguen juntos hasta el fin de los tiempos). Vladimir era un profesional del sexo y la jarana, un poeta peruano de extrema izquierda que nunca supe cómo se ganaba la vida. Solía ser encantador, pero cuando se excedía con la bebida (cosa que le sucedía con una frecuencia pasmosa), se ponía a reivindicar a Stalin, a glosar las andanzas de Sendero Luminoso y a clamar por el exterminio del cochino burgués (nunca supe si ironizaba o si hablaba absolutamente en serio). El siguiente paso —y más valía apartarse— consistía en darle de sopapos a alguien que en ese momento hubiera conseguido irritarle. *Malgré tout*, un muchacho excelente.

Bikini fue derribado en 1990. Ocupaba el número 527 de la Diagonal, donde ahora está el centro comercial L'Illa, y supongo que dejó colgados a muchos dipsómanos del sector *destroyer*. Tras un jamacuco que lo tuvo una semana en el Clínico, Enrique dejó de beber sin por ello convertirse en un somormujo, pues su ingenio se mantuvo intacto. Paula de Parma —como la llamaba él, aunque ella es de Palma, lo que pasa es que, como me dijo un día el novelista, Paula de Palma no suena literario y por eso dedica sus libros a Paula de Parma, donde la cartuja de Stendhal, ya saben— sigue siendo una mujer adorable que siempre se alegra mucho de verte. Vladimir se volvió al Perú y a veces intercambiamos comentarios en Facebook: no sé qué hace allí, como tampoco supe jamás qué hacía aquí, pero luce ropa campestre, se le ha puesto pinta de ranchero y parece feliz. También yo dejé de beber y de opositar a un ictus en el Bikini, ese sitio que me encantaría describir, aunque soy incapaz de hacerlo porque apenas lo recuerdo.

EL GRAN VALLCORBA

Mi amigo Tom Roca, humorista gráfico reciclado en productor audiovisual, sostiene —y no seré yo quien le lleve la contraria, aunque me tienta— que el dibujante de cómics Manuel Vázquez le invitó a comer en cierta ocasión. La cosa resulta inverosímil para cualquiera que conociese a Vázquez, como quien esto firma, ya que el padre de *Las hermanas Gilda* y de *Anacleto, agente secreto* no es que fuese tacaño, pero sí alguien que andaba siempre a la última pregunta y que era un sablista extraordinario. Yo atesoro una historia similar con el editor Jaume Vallcorba (1949-2014), cuya munificencia era escasa, por usar un término suave, y que una vez me invitó a un menú de mediodía en un figón cercano a su despacho: nadie me cree cuando lo cuento.

Jaume era un tipo encantador, cultísimo —hablaba francés, italiano, inglés y alemán—, gran conversador y hombre dotado de un retorcido sentido del humor. Pero también era un roñica recalcitrante, salvo en lo referente a sí mismo: feliz propietario de un Jaguar que casi nadie había visto, se hacía los trajes en una sastrería de Saville Row, tenía a gala no ir nunca a la playa y atesoraba conocimientos enciclopédicos sobre muchísimos temas. Su labor como editor fue admirable, tanto en catalán (Quaderns Crema) como en castellano (El Acantilado).

Le debo el gozoso descubrimiento de autores como Joseph Roth, Stefan Zweig o Arthur Schnitzler, que me convirtieron en austrohúngaro de honor a perpetuidad. Le debo la revista *Quaderns Crema*, magnífica publicación que introducía un necesario toque de distinción en el mundo de la edición en catalán. Y le debo una breve época en la que intentó lanzar una publicación algo más popular —pero sin exagerar— para la que quiso contar con Rafael Argullol y un servidor de ustedes. Fue en esa época cuando me invitó a ese mítico menú en cuya existencia nadie cree. La tacañería era un rasgo de carácter que, afortunadamente, no se correspondía con la falta de empatía moral: daba gusto hablar con Vallcorba de cualquier tema. Eso sí, no era conveniente abusar de su buena fe. Recuerdo un día que lo visité en su despacho y, con mi jeta característica, le soplé un par de libros. Me contuve antes de pillar un tercero, pues tuve la impresión de que estaba a punto de sufrir un ictus.

Conocí al gran Vallcorba en un bar de la calle del Berlinés que ya no existe, el Goblin's, que contaba con un propietario encantador y un camarero más bien malaje. El Goblin's estuvo de moda durante un par de años y Jaume lo frecuentaba porque vivía prácticamente al lado. De ahí surgió la idea de fabricar esa mezcla imposible de *Rolling Stone* y los *Quaderns Crema* de toda la vida que nunca llegó a ver la luz.

Siempre era un placer cruzarse con Vallcorba, barcelonés facundo y cultivado al que le gustaba mucho reír —ahora quien cumple esa función es el estupendo Jordi Llovet— y que transitaba entre la alta cultura y la irrisión con una eficacia admirable. Solo publicaba libros que le gustaban y consiguió imponer su criterio a una parte importante de la sociedad letraherida española. Se nos fue antes de tiempo, pero dejó escritas las músicas que quería que sonaran en su funeral. Su viuda, la navarra Sandra Ollo, lleva la editorial de manera brillante. Y yo, insisto, les puedo asegurar que en cierta ocasión me invitó a comer. Si damos por buena la historia de Tom con Vázquez, no sé por qué no puede hacerse lo mismo con la mía de Vallcorba, ese *dandy* de la edición que dotó a la literatura en castellano y catalán de un rigor, un tronío y un fundamento que nunca le agradeceremos lo bastante.

45

ASÍ NOS CARGAMOS EL *TBO*

Tras abandonar la revista *Cairo*, Joan Navarro y su alegre pandilla —de la que yo formaba parte— trasladamos nuestros reales a un piso de la calle Diputación, cerca de Bailén, en el que nuestro líder pensaba poner en marcha nuevos y contundentes planes de dominación mundial tebeística. ¡Se iba a enterar Rafa Martínez, de Norma Editorial, de lo que era vivir sin nosotros!

Lo cierto es que, mientras la carrera profesional de Rafa alcanzaba un ritmo de crucero, en el pisito de la calle Diputación nos moríamos de asco e inanición. No sé por qué, Victoria Bermejo —que en aquella época era la esposa del amigo Navarro— rebautizó esa seudorredacción como La Casa de los Enanitos, término que acabamos adoptando Ignacio Vidal-Folch, Navarro, un servidor de ustedes y algunos de nuestros más gloriosos visitantes (entre los que figuraba el gran Francisco Casavella, que entonces ejercía de botones en una sucursal de La Caixa y aprovechaba los recados para demorar todo lo posible el inevitable regreso a la oficina).

No tardamos mucho en darnos cuenta de que fuera de Norma hacía bastante frío, pero con la inconsciencia propia de la juventud dejábamos pasar el tiempo entre sueños de esplendor, amenas conversaciones y partidas de Risk, un juego de mesa de estrategia militar en el que, ya no recuerdo por qué, siempre era fundamental hacerse con el territorio de Osetia del Sur.

Y así estábamos hasta que apareció mi amigo Javier Nieto —quien luego crearía la empresa de muebles de diseño Santa & Cole— para poner a nuestra disposición una cabecera histórica de la historieta española. Nada menos que el mítico *TBO*, cuyo primer número vio la luz en 1917. Javier estaba intentando salvar la editorial Bruguera, que se estaba hundiendo a ojos vistas, y pensó que con el relanzamiento del *TBO* igual las cosas mejoraban. Nos dejó hacer lo que quisimos y conseguimos publicar siete números entre los meses de abril y junio de 1986, momento en el que nos caímos con todo el equipo, Bruguera se hundió y al pobre Javier casi lo linchan los trabajadores.

Hay un momento en la película de Stanley Kubrick *La Chaqueta Metálica* en el que le preguntan a Matthew Modine por qué se alistó para ir a Vietnam y el hombre responde: «Quería ser el primer chico de mi barrio en conocer a los actuales representantes de una cultura milenaria y matarlos». En nuestro caso, podríamos haber dicho: «Estábamos encantados de disponer de una cabecera histórica y cargárnosla».

Siguiendo el ejemplo de nuestro amigo Jaume Sisa, que cuando se convirtió en Ricardo Solfa perdió a los fans de Sisa y no ganó seguidores de Solfa, le dimos un lavado de cara a la publicación que nos alienó al público potencial y no nos aportó uno nuevo. Una revista para adultos con la marca *TBO* tal vez no fue una gran idea. Eso sí: sacamos siete números estupendos que hoy día se consideran una de las rarezas más fascinantes de la historieta española. Ahí publiqué por entregas *Los fabricantes de estrellas*, dibujado por Roger, que lo dejó inconcluso porque no iba a cobrar las ocho o diez páginas que faltaban.

Nos cargamos el *TBO*, sí, pero no definitivamente. De eso se encargaron otros entre 1988 y 1998, año del cierre definitivo de tan gloriosa cabecera. Para entonces ya habíamos abandonado La Casa de los Enanitos, a la que a veces volvemos en nuestras conversaciones para recordar una de las etapas más divertidas, absurdas y melancólicas de nuestras respectivas existencias.

SERÁS LA CAMARERA DE MI AMOR

La coctelería Boadas sigue abierta en el número 1 de la calle Tallers, al lado de La Rambla, pero uno ya no la frecuenta porque se retiró de la bebida y porque su camarera favorita y dueña del establecimiento, María Dolores Boadas, falleció en 2017 a los 82 remojados años. Para mí siempre fue esa camarera de mi amor a la que cantaba Jordi Farràs, en arte La Voss del Trópico, entre hipidos beodos y gallos considerables. Digámoslo claro: María Dolores era una señora adorable que tenía una sonrisa para cada cliente y, si insistías, un poco de conversación. Nunca la vi borracha, pero era evidente que practicaba una ingesta de mantenimiento: siempre tenía una copa a mano y, de vez en cuando, se daba la vuelta para echar un traguito, muestra de discreción condenada al fracaso porque la podías ver perfectamente en el espejo que había detrás de la barra tomando su medicinal dosis de alcohol.

Boadas fue fundada en 1933 por el padre de María Dolores, el cubano —con padres de Lloret— Miguel Boadas, gran introductor de los cócteles en Barcelona y amigo de quien hizo lo mismo en Madrid, Perico Chicote. Cuando yo empecé a frecuentar el establecimiento, ya se me habían adelantado los militantes del PSUC, iluminados por Manuel Vázquez Montalbán, quien los había convencido de que la lucha de clases era perfectamente compatible

con una cogorza elegante. A ellos nos sumamos los *moderniquis*
de la Transición mientras unos y otros compartíamos el espacio
con los señoriales bebedores de toda la vida, que iban abandonando la barra uno tras otro por cuestiones biológicas (ustedes ya
me entienden). Aunque era muy pequeño, en Boadas siempre se
cabía. María Dolores trataba a todo el mundo igual de bien pero,
si te veía aparecer con una chica, adoptaba un aire de alcahueta
humanista, te sonreía de una manera especial, valoraba con la mirada a tu acompañante y, sin verbalizarlo, te deseaba que tuvieras
suerte esa noche.

La hija del cubano se había hecho con las riendas del establecimiento a la muerte de don Miguel Boadas en 1967. Y ahí estuvo,
al pie del cañón, hasta que Dios quiso, siempre sonriente, siempre
alegre, siempre muy maquillada y siempre dando sorbitos a su me-
junje del momento de cara al espejo. Si aparecías solo, obedeciendo
únicamente al deseo de beber en un entorno acogedor, adoptaba
un aire vagamente maternal, cruzaba unas cuantas frases contigo
y te dejaba en paz, sin preguntarte si te habías salido con la tuya la
otra noche con aquella chica a la que no sabías si aprobaba o no.

María Dolores estaba tras una barra de Barcelona como podría haber estado en una de La Habana, Buenos Aires, París o
Manhattan. Yo creo que su patria era el minúsculo local fundado
por su padre en 1933, pues nunca la oí hacer ni el más mínimo
comentario político. El *prusés* la pilló ya muy mayor y se libró de
nuestra tabarra favorita, que probablemente le hubiese importado
un rábano. Cantinera mayor de Barcelona, ella estaba para echar-
nos de beber, solos o acompañados, y nos trataba igual a todos los
clientes: los de toda la vida, los comunistas finolis y los rockeros
que redescubrían las alegrías etílicas de sus padres en la Barcelona pos-Franco y pre-Pujol que tan poco duró pero tanta diversión
nos proporcionó.

VIDA Y COLOR

En una secuencia de la película de Iván Zulueta, *Arrebato*, Will More, sosteniendo un álbum en las manos, le pregunta a Eusebio Poncela: «¿Cuántas horas podías pasarte mirando este cromo?». No sé si los críos siguen coleccionando cromos, pero los tiempos en que esta actividad era una parte trascendental de la infancia —casi tanto como comprar tebeos— ha pasado definitivamente a la historia. Supongo que es una afición demasiado rupestre, por no decir cutre, en una época en la que no hay ni un niño sin su móvil y sin su pantallita.

Pero hubo unos tiempos en los que el gasto en sobres de cromos era notable en la semanada del chaval barcelonés. Y sí, Will More tenía razón, había cromos —como viñetas de cómic— que te podías pasar horas mirándolos, aunque en aquella imagen no se movía nada, sino que eras tú el que debía hacer todo el trabajo de fascinación.

Hay que reconocer que el asunto se deterioró con inusitada rapidez. Los álbumes buenos eran de la época de mi hermano mayor: recuerdo las colecciones de cromos de *Ben Hur*, *Los diez mandamientos* o *El Cid* como auténticas obras maestras en las que las imágenes de las películas estaban impresas de maravilla. Yo ya pillé una época más chapucera en la que te endilgaban cromos en blanco y negro coloreados de forma funesta, pero aún pude hacer algunas colecciones de mérito.

Mis favoritas eran las de actores de series de televisión. Las series me interesaban más que las películas que se exhibían en los cines porque me enganchaba a sus personajes protagonistas y sabía que me harían compañía una vez a la semana: han tenido que pasar cincuenta años para recuperar esa sensación con las series de las cadenas en *streaming*; en el ínterin, alejamiento total de unas ficciones sin el menor interés que solo empezaron a levantar cabeza con *Twin Peaks* y *Expediente X*.

En mi relación con los cromos, a veces pasaban cosas extrañas. Cuando todos mis compañeros de clase se hacían la *cole* de *Vida y color* —que iba sobre la naturaleza y sus prodigios, si no recuerdo mal—, a mí me prohibieron mis padres seguir su ejemplo. Nunca he sabido por qué. ¿Serían más caros de lo habitual? ¿Se habría colado alguna imagen psicalíptica detectada por mis progenitores?

Cuando me salí con la mía y me puse a coleccionar los cromos de *Viaje al fondo del mar* (la serie de Irwin Allen sobre el submarino *Seaview*, que aquí todo el mundo pronunciaba *Sibius*, protagonizada por Richard Basehart y David Hedison), mi madre me hacía saber cada vez que me veía enganchándolos en el álbum que nunca había visto una colección más absurda y unos cromos más feos. Afortunadamente, sobre los de las estrellas de la tele no tenían nada que objetar. Ni de las postales sobre el mismo tema que se encontraban en algunas papelerías del Ensanche (a excepción de una de Raquel Welch con bikini prehistórico en una película de la Hammer).

Actualmente, las series de televisión carecen de su preceptivo álbum de cromos. Y el negocio de las postales ha pasado a mejor vida cuando cualquiera puede bajarse de internet la foto que quiera. Evidentemente, no queda ni una de aquellas papelerías con el escaparate lleno de postales con el careto de los Cartwright, Perry Mason, Roger Moore en *El Santo* o el recientemente fallecido Edd Byrnes, el *Kookie* de *77 Sunset Strip*. Normal: ya se sabe que lo rupestre vivió su época de gloria en la Prehistoria.

48

AMADO MONSTRUO

Javier Tomeo Estallo (Quicena, Huesca, 1932–Barcelona, 2013) tiene una calle con su nombre en Zaragoza, pero en Barcelona, donde pasó casi toda su vida, da la impresión de que solo nos acordamos de él los que le conocimos y le tuvimos aprecio. Aquí ejercía como de presidente honorario de lo que yo llamaba la Internacional Baturra: no había escritor aragonés de paso por Barcelona que no acabara comiendo con Javier Tomeo. Pese a no serlo, un día de Sant Jordi me encontré almorzando con Ignacio Martínez de Pisón, Félix Romeo, que se nos murió antes de tiempo, y Tomeo, quien me pareció que era reconocido por sus compadres de la Internacional Baturra como una especie de referente moral. O de decano de la institución, ya que era mucho mayor que los demás comensales.

Javier era fuerte, feo y, a su manera, formal, como se definía a sí mismo Loquillo. Arrastraba cierta fama de pelmazo que se había labrado en Cadaqués a base de patrullar cada domingo por la tarde por la terraza del Marítim para ver quién podía devolverlo gratis a Barcelona en su coche. Puede que lo fuese, pero al menos era simpático, solía estar de buen humor y se daba aires de desocupado, aunque no paraba de trabajar. Tardó muchos años en vivir de la literatura, pero cuando lo logró se quedó en la Hispano Olivetti hasta su jubilación. Vivió siempre con sus padres, a los que sus amigos imaginábamos de la edad de Matusalén: por las noches, si se apuntaba a algún jolgorio, nunca se olvidaba de llamar a casa para decir que no iría a cenar y que llegaría tarde. Un día, no sé por qué, me enseñó su agenda telefónica y vi que solo había nombres masculinos, algo muy extraño en alguien que se pasaba la vida hablando de mujeres: resultó que sus amigas y conocidas estaban todas juntas, ya no sé si por la M de Mujeres, la A de amigas o la T de tías. «A las tías no hay que pedirles muchos esfuerzos intelectuales», me comentó en cierta ocasión.

Curiosamente, este pelmazo misógino era un tipo que se hacía querer. Vivía en su propio mundo de Kafka baturro, escribía a mayor velocidad de la que su editor, Jorge Herralde, era capaz de absorber (en 1990 llegó a publicar cinco libros), se contaba que había vivido un matrimonio relámpago de unos pocos meses y componía una estampa descomunal que destacaba en cualquier rincón de Barcelona. Yo lo descubrí en 1979 con *El castillo de la carta cifrada*, que me gustó mucho, y luego lo seguí esporádicamente, tal vez porque, al igual que Herralde, era incapaz de seguir su ritmo *estajanovista* de publicación.

Cuando triunfó y sus novelas fueron llevadas al teatro en Francia y Alemania, él parecía el primer sorprendido ante la situación. Yo diría que su vida no cambió en nada. En Barcelona, escribía y se apuntaba a algún sarao literario de vez en cuando. En Cadaqués, deambulaba sin ropa de verano —era de esos que llegan a un pueblo de mar y, tras dejar en casa la chaqueta y la corbata y arremangarse la camisa, van a pasear con las manos en los bolsillos y sin pisar jamás la playa—, siempre solo y siempre dispuesto a dar la chapa en cualquier mesa del Marítim o del Boya en la que lo acogieran.

Creo que nunca llegué a entenderle ni a saber qué le movía en esta vida, pero me caía bien y, a veces, cuando estoy en una terraza leyendo el periódico, aún espero verle aparecer para sentarse a mi mesa, darme una conversación de una hora, hacerse el sueco ante cada intento mío de seguir con la prensa y acabar marchándose sin conseguir que le coja manía.

Javier Tomeo: lobo solitario, animal social, conversador implacable, amado monstruo.

49

CÓMPREME USTED ESTE RAMITO

No volveremos a cruzarnos con Violeta la Burra por las calles del Ensanche barcelonés, donde solía patrullar por las inmediaciones del Dry Martini de Javier de las Muelas vendiendo (o intentándolo) florecillas a los noctámbulos. Con la edad, Pedro Moreno (Herrera, Sevilla, 1936-2020) había dejado de ser un mamarracho más de la corte de los milagros de Nazario durante la Transición para convertirse en una señora mayor un tanto desvencijada, pero muy digna y pulcra. Con Violeta desaparece uno de los últimos personajes secundarios de la Barcelona cutre y alternativa de los años setenta. La precedieron otros destacados miembros de la ilustre banda de piltrafas del arroyo, como diría Makoki, que vivieron sus años de oro durante esos cinco cursos que transcurrieron entre la muerte de Franco y la llegada de Pujol.

Nazario tenía en aquella época un pie en el cómic *underground* y otro en el lumpen gay de La Rambla, lo cual le permitía cultivar la amistad de Mariscal, pero también la de curiosos personajes como Ocaña, Violeta, Paca la Tomate, Camilo —el único que iba disfrazado de hombre en sus paseos con Ocaña colgado del brazo y enseñando el culo a las primeras de cambio— o su novio eterno, el gran Alejandro Molina, cuya simpatía solo era equiparable a su vagancia (aunque le salían muy buenas las lentejas y no se perdió ni una sola de las clases de jardinería que le financió Nazario). Muertos Ocaña, Camilo y Alejandro y desaparecida Paca la Tomate, voluntarioso *travelo* con cuerpo de estibador del que no he vuelto a saber nada, solo quedaban vivos Nazario (que es tan inmortal como Keith Richards) y Violeta, reciclada en violetera.

La verdad es que, en su momento, era algo imprudente acercarse a esa pandilla que Nazario se traía a las inauguraciones tras cocerse todos a conciencia. Dados a protagonizar espectáculos alternativos o simplemente bochornosos, te obligaban a mantener las distancias porque, en cuanto te descuidabas, el que no te estaba tocando el paquete te había metido la lengua hasta la campanilla: ejercían de maricona desatada las veinticuatro horas del día y cantaban como almejas en el sector artístico-creativo de Nazario, donde no se enteraban de nada y tanto les daba. En sus escasos momentos de sobriedad, Nazario era la persona amable y ponderada que es en la actualidad, desde que dejó de beber; los demás no sé dónde se metían, pero era evidente que en entornos que yo no frecuentaba.

Esos fueron los *glory days* de Violeta la Burra, que llegó a Barcelona a los 20 años huyendo del campo andaluz y en busca del triunfo como cupletera. Digamos que lo logró en parte: actuó en diferentes garitos locales —como el Barcelona de Noche— y hasta llegó a pasar un par de años en París actuando en el centro de esparcimiento gay *Le paradis latin*. Confieso que no le vi actuar jamás, pero sus números tenían fama de atrevidos, lo cual, en aquellos años caóticos, permite intuir todo tipo de atrocidades de tinte sexual: alguien que atiende por Violeta la Burra no engaña a nadie.

El tiempo no se portó excesivamente mal con Violeta/Pedro. Ni con Nazario, que es ahora un hombre mayor, sobrio como una colegiala, que, desaparecido su señor Hyde particular, ejerce de tipo encantador y memoria viviente de una ciudad que ya no existe. En sus últimos años, Violeta vestía con discreción y, a cierta distancia, podía pasar por una mujer de edad provecta que intentaba completar su magra pensión con la venta ambulante de flores (negocio que, en Barcelona, está en manos de hombres del Pakistán, no me pregunten por qué). Perdido el gusto por la provocación de sus años más o menos mozos —la verdad es que en la era *underground* ya nos doblaba la edad a todos—, Violeta se había convertido en una amable violetera que emitía comentarios amables sobre el tronío de los caballeros y la belleza de las damas en vistas a endilgarles el ramito.

¿Extraña forma de vida? No más que otras aparentemente más respetables, como la de presidente de la Generalitat o alcaldesa de Barcelona.

50

TEXAS, NUESTRO CBGB

Durante los años de la Transición, los barceloneses jóvenes y alternativos dividíamos nuestras noches entre bares de diseño y tugurios infectos que, sin saberse muy bien por qué, se ponían de moda. Mi favorito fue el Texas, en la calle Heures, junto a la Plaza Real, inaugurado en 1962 para atender las necesidades etílicas y afectivas de los muchachos de la Sexta Flota norteamericana que recalaban en Barcelona.

Aunque empezó con conciertos de *jazz* y actividades más o menos culturales y respetables, la cosa degeneró rápidamente en un puticlub para gringos de uniforme. A finales de los setenta, la Sexta Flota ya no se dejaba caer por nuestra querida ciudad, el negocio de la carne languideció y el Texas se convirtió en un punto de reunión para piltrafas del arroyo a las que no se les permitía el acceso a abrevaderos más selectos.

Con esa atracción por la vida canalla que distingue a la juventud, el Texas se empezó a llenar de *moderniquis*, entre los que se contaban, a falta de un equivalente local del neoyorquino CBGB, quien esto firma y su buen amigo Llàtzer Moix, actualmente adjunto al director de *La Vanguardia* (espero no causarle problemas laborales con esta revelación, aunque ya le falta poco para la jubilación). De hecho, el edificio donde estaba el Texas albergó a finales del siglo XIX la primera redacción del diario de la familia Godó, así que lo de que mi amigo Llàtzer lo frecuentara en su juventud puede considerarse un homenaje a la empresa a la que ha dedicado los mejores años de su vida.

Solíamos llegar muy tarde y muy cocidos a bordo de su destartalado Volkswagen escarabajo —en la guantera siempre llevaba el mismo libro de Apollinaire, por cierto, aunque nunca supe si se lo había llegado a leer—, y lo más complicado, nada más aparecer, era no caerse escaleras abajo, ya que el Texas estaba en un sótano. Como en el caso del CBGB, había mierda para parar un tren, y visitar los lavabos podía considerarse un deporte de riesgo.

Aunque ya no quedaban ni *American sailors* ni *Spanish hookers*, el sudor de ambos colectivos parecía haberse quedado clavado a las paredes. Por eso no nos sorprendió que, en 1979, la señora Nati, fundadora del Texas, se jubilara y le cediera su antro a unos organizadores de conciertos de *punk rock* —el primero fue el de Último Resorte— que lo convirtieron en punto de reunión habitual para *punkies*, aunque sin desalojar a las piltrafas del arroyo de toda la vida, gente capaz de convivir con cualquier ser humano, cosa (incluida la del pantano), vendedor de drogas o degenerado de cualquier tipo que se dejara caer por allí.

La alegría punk no duró mucho y el Texas chapó definitivamente en 1982. Su lugar fue ocupado por el club Sidecar, que aún sigue ahí y que en 2007 acogió un concierto de los reformados (musical y socialmente) New York Dolls. Por entonces, ni el amigo Moix ni yo practicábamos la vida canalla: hasta el Volkswagen había pasado a mejor vida. Y yo no recuerdo gran cosa de las veladas en el Texas, más allá de su cochambroso y, por consiguiente, acogedor ambiente y de que constituía una mugrienta y divertida alternativa a todos aquellos bares que competían por el mejor diseño de interiores de los locales *branchés* de Barcelona.

Cómo conseguí no destrozarme la piñata contra los empinados peldaños de la entrada es un misterio que aún no he logrado resolver, más allá de reconocer la evidencia de que Dios protege a los borrachos, sobre todo cuando son jóvenes y alternativos.

51

LA ADORABLE MARISA CIENTO

Me la presentó Carlos Pazos, nuestro conceptual más delirante, al que yo había conocido hacía poco a partir de aquellos bailes selectos que, a medias con el inefable Manel Valls, organizaba los fines de semana en el Salón Cibeles. Marisa Díez de la Fuente (Burgos, 1931–Barcelona, 2015) estaba al frente de la Galería Ciento, que fue el principal apoyo del arte conceptual catalán en una época en que quienes lo practicaban tenían serios problemas para ser considerados miembros de pleno derecho de la sociedad artística barcelonesa. Siempre tuve la impresión de que Carlos era su favorito y su niño mimado y que entre ambos se había establecido una especie de relación materno filial basada en el afecto y la admiración mutuos.

No tardé mucho en beneficiarme yo también del afecto de Marisa Ciento, como se la conocía en su hábitat profesional; de la admiración ya no estoy tan seguro, pues a mis veintitantos años tampoco había hecho gran cosa para merecerla, más allá de disfrutar enormemente de su compañía y de su conversación. En cualquier caso, Marisa me trató *ipso facto* como a un sobrino apreciado y pasó por alto todas mis lagunas sobre el arte contemporáneo, que eran muchas y profundas: en sus *vernissages* siempre tenía un ratito para mí, que a menudo se prolongaba en la cena que se pagaba para sus ilustres gorrones y a las que siempre me invitaba a sumarme.

Sobre el papel, Marisa podía parecer un tópico andante: la típica burguesa con pretensiones intelectuales a la que un marido rico le ha puesto una galería para que se entretenga. Ciertamente, Marisa era una chica de buena familia, y su marido, el señor Ortínez, era uno de los burgueses catalanes más conspicuos de la época, pero ahí se acababa el tópico: Marisa no regentaba una galería de arte para pasar el rato y darse pisto, sino que su interés por la creación contemporánea era sincero y con fundamento. El dinero de su marido lo había invertido juiciosamente, y ella era una mujer con criterio, capaz de darlo todo por sus artistas, que jugó un papel fundamental para mi amigo Pazos y muchos otros creadores, digamos, difíciles de vender. No contenta con eso, Marisa era una mujer adorable a la que le sobraban la simpatía y el sentido del humor. No hacía distingos entre *connaisseurs* y pardillos y trataba por igual a los miembros de ambos colectivos si le caías simpático, como fue mi caso.

La galería de Marisa ocupó el número 347 de la calle Consejo de Ciento entre 1974 y 1990. Cuando chapó por problemas económicos —la falta de ventas suele ser la maldición de los galeristas con criterio cuyo gusto particular se impone siempre a la posibilidad de negocio—, nos quedamos sin la presentación de los jueves por la tarde y la habitual cena posterior para los amigos, costumbre que algunos habíamos adquirido y de la que nos costó lo nuestro desprendernos. La galerista vivió veinticinco años más que la galería. Nos seguimos viendo, pero ya no con la periodicidad (por mí) deseada. También se resintió la estupenda oferta 2 x 1 que te proporcionaba Marisa en sus inauguraciones, donde solía estar su hija, Luisa Ortínez, tan encantadora y con tanto criterio como mamá a la hora de ejercer de *curator*.

Nunca le escuché a nadie una mala palabra sobre Marisa Ciento, esa mujer que se vino desde Burgos a mejorar Barcelona con su galería y su personalidad y que hoy día igual estaría mal vista por la *consellera* de Cultura de la Generalitat porque nunca llegó a hablar catalán. Hizo mucho por la cultura catalana en general y la barcelonesa en particular, pero eso, en la actual circunstancia de nuestra nación milenaria (aunque sin Estado propio), no encuentra ningún agradecimiento por parte del régimen. Lamenté perder a Marisa en 2015, pero la envidio por haberse librado de sufrir a auténticos genocidas culturales como Torra, Puigdemont o Colau. Con Marisa, Barcelona fue una ciudad mucho mejor que la de ahora.

52

LA MUJER QUE ME LLEVÓ AL TEATRO

Durante unos años, fuimos casi vecinos. La actriz Rosa Novell
(Barcelona, 1953–2015) vivía en la calle Lauria, un poco por encima de la Diagonal, y yo sobrevivía en plena Diagonal, muy cerca
de Lauria, en un apartamento pequeño, feo y no muy barato que
había heredado, tras una temporada en Madrid que culminó con
mi dimisión del catastrófico semanario del grupo Prisa *El Globo*,
de Ignacio Vidal-Folch, que ahora ya no recuerdo si había encontrado un refugio mejor o si se iba a Praga a ejercer de corresponsal
para el *ABC*.

Solíamos cruzarnos en el Bauma —un café a la antigua situado
en la esquina de Lauria con Diagonal que aún existe, aunque perdió su evocadora marquesina a causa de una absurda ordenan-
za municipal: ¡con lo que me gustaba pimplarme en esa zona del
local los días de lluvia, sintiéndome como en el bar de un buque
transoceánico en plena tormenta!—, donde era fácil encontrarme
porque lo había convertido en mi cuartel general y había días que
me los pasaba prácticamente enteros allí metido. Rosa tenía una
voz rasgada de lo más sensual, poseía una belleza antigua y vestía
con cierta excentricidad elegante: le gustaban mucho los fulares a
lo Isadora Duncan. Actuaba dentro y fuera del teatro, como pude
comprobar una noche en que se llevó un pisotón en otro bar e

improvisó una *performance* con mucho dolor y hasta llanto que impresionó notablemente a los que estábamos con ella. En otra persona menos interesante, esa manera de ir por la vida podría haber resultado un pelín ridícula, pero a Rosa, esos aires de gran dama de la escena, de gran trágica del teatro catalán, le sentaban divinamente. Yo diría que la salvaba un retorcido sentido del humor que alcanzó su cima la noche en que me contó la historia del amante despechado de Núria Feliu que se presentaba a traición donde actuaba la diva de Sants para cruzarle la cara a bofetones. «Núria es amiga mía y me la quiero mucho», aseguraba la Novell mientras se tronchaba de risa.

También decía ser amiga de su némesis oficial, Carmen Elías, aunque todo parecía indicar que no se podían ver ni en pintura. Consciente de esa peculiar relación, un día se me ocurrió intentar convencer a un actor con pujos de productor que aún no había sido cesado como novio de la Elías para llevar al escenario una adaptación de la película de Robert Aldrich *¿Qué fue de Baby Jane?*, con Carmen en el papel de Joan Crawford y Rosa en el de Bette Davis (o viceversa, me daba igual). Lamentablemente, el plan no me salió bien, aunque sigo creyendo que el público hubiese agradecido el espectáculo.

Durante un tiempo, conocedora de mi escasa propensión a visitar los teatros de mi ciudad —cada vez que voy a ver algo, salgo horrorizado y tardo años en volver—, Rosa quiso ejercer de Pigmalión conmigo y me invitó a diferentes funciones. Me gustó especialmente la pieza de Eugene O'Neill *Largo viaje hacia la noche*, muy bien interpretada por Julieta Serrano y Ramon Madaula, así que no diré nada de las obras que me podría haber ahorrado de no ser por la Novell. La pobre no tardó mucho en rendirse, pues supongo que tenía cosas mejores que hacer —como salir con Eduardo Mendoza, por ejemplo— que intentar desasnar a un tarugo prácticamente inmune a la magia del teatro que, además, no dejaba pasar ninguna oportunidad de decirle que prefería ir al cine.

Siempre que me viene Rosa a la cabeza la recuerdo en la cena que siguió a la representación de la pieza de O'Neill. Yo estaba rodeado de grandes damas del escenario de distintas generaciones —de mayor a menor: Berta Riaza, Julieta Serrano y la propia Rosa— y opté, cosa rara en mí, por escuchar más de lo que hablaba. Aquella cena también fue, a su manera, un espectáculo en el que la Novell, como solía, brilló con luz propia, aunque tuviese la competencia al otro lado de la mesa.

Un cáncer se llevó por delante a la Gran Trágica en 2015. Se despidió de su querido oficio, ya ciega, con *L'última trobada* (*El último encuentro*), de Sándor Márai. Nadie más ha intentado convencerme de lo bien que está el teatro desde entonces: Rosa, dando muestras de una generosidad a la que no supe corresponder, fue la primera y la última.

53

LAS GALERÍAS DE MARTÍ FONT

Cuando conocí a José María Martí Font (Mataró, 1950), acababa de dejar atrás su breve etapa como galerista y se ganaba la vida, al igual que yo, en las publicaciones alternativas de finales de los años setenta con redacción en Barcelona: *Star*, *Disco Exprés*, *Ajoblanco*... Cuando nos hicimos amigos, de forma prácticamente instantánea, me puso al corriente de su paso por el mundo del arte, iniciado al regreso de una estancia en Nueva York (1973-1975) y terminado abruptamente con su sustitución por Manel Valls —que más adelante organizaría, a medias con Carlos Pazos, los muy entretenidos bailes selectos del Salón Cibeles— al frente de la Galería G, propiedad de un simpático *millonetis* catalán llamado Agustí Coll.

A mediados de los setenta, Martí dirigió la Mec Mec —primeras exposiciones de Ocaña y Mariscal— y la Galería G, que prestaba una especial atención al arte conceptual local —mi compadre había hecho amistad en Manhattan con gente como Miralda, Muntadas, Torres o Pazos—. Aunque acabaría pasando a la historia por las tres muestras que dedicó a Andy Warhol y que, si no me equivoco, fueron las primeras que tenían lugar en España: una sobre las sopas Campbell, otra sobre travestidos y una tercera sobre Mick Jagger.

Contaba Martí que Manel Valls empezó dejándose caer por la G y acabó apuñalándolo por la espalda para hacerse con su cargo. Manel lo niega, claro está. Pero, pese al afecto que le he tenido siempre, debo reconocer que cuando se mete por en medio hay muchas posibilidades de que se arme el belén. Le recuerdo en sus tiempos de productor cinematográfico, cuando se separó de su socio en Septimania Films, Albert Sagalés, y me los crucé a los dos el mismo día por el Ensanche a diferentes horas. Les hice la misma pregunta a los dos, pero sus respuestas no pudieron ser más diferentes.

«¿Qué tal ha ido la separación?», le inquirí a Manel por la mañana. Respuesta: «Ejemplar. Sin problemas ni reproches. Seguimos siendo grandes amigos». Al repetirle la cuestión a Albert por la tarde, obtuve la siguiente respuesta: «Como me cruce con ese hijo de puta, te juro que lo mato». En fin, ya se sabe que siempre hay dos versiones de una misma historia. Con Manel, incluso, puede haber cuatro o cinco.

Eso sí, antes de ser cesado, el amigo Martí consiguió situar la Galería G en el mapa barcelonés y español del mundo del arte, mientras el inefable Valls tuvo que pechar con el cierre del local, del que nunca sabré si tuvo alguna responsabilidad. Lo que sí sé es que se hizo con un magnífico Warhol de los de Jagger que me daba mucha envidia cada vez que iba a verlo a su casa, pues fuimos inseparables durante una época y debo reconocer que nunca fui víctima de sus supuestas y legendarias trapisondas, más allá de tenerme —a mí, a Pazos y a algunos más— trabajando unos meses en una revista llamada *Rostros Pálidos* que nunca vio la luz porque Manel, pensándolo bien, decidió invertir el dinero que había reunido en un libro de dibujos propios.

Mec Mec y G ya solo existen en el recuerdo de quienes las frecuentamos durante los pocos años que estuvieron abiertas. Agustí

Coll montó un bar llamado Zanzíbar y nos dejó antes de tiempo. Martí Font llegó a redactor jefe de *El País* y ejerció de corresponsal del diario en Los Ángeles, Bonn y París. Valls se ha calmado bastante con la edad, da la impresión de que ya no se mete en líos artístico-financieros y se dedica a la pintura con empeño y discreción. Y yo, que empecé mi (digamos) carrera periodística escribiendo sobre el punk y la *new wave*, corro el peligro de terminarla comentando el *prusés*, sainete local de escaso interés moral e intelectual, aunque de grandes posibilidades cómicas.

LOS MACARRONES DE
EL CABALLITO BLANCO

Calculo que la vida social de mis padres empezó a languidecer en mi adolescencia y feneció definitivamente hacia el final de esta. No sé si se quedaron sin amigos o si, simplemente, decidieron que no valía la pena seguir dirigiéndoles la palabra; en cualquier caso, ahí empezó una especie de encierro autoimpuesto que solo rompían para pasar los fines de semana en su apartamento del Maresme o para visitar las Canarias, donde mi padre había sido muy feliz de joven, recién salido de la Academia Militar de Zaragoza.

En las postrimerías de su vida social, mis progenitores solían quedar a cenar con un par de matrimonios amigos en El caballito blanco, un restaurante de la calle Mallorca, esquina Aribau, que les quedaba a cinco minutos del piso familiar de la plaza Letamendi. Solían volver pronto y yo los oía, desde el dormitorio que compartía con mi hermano mayor, mientras se desnudaban y ponían de vuelta y media a los demás comensales, cosa que un adolescente apasionado de la amistad era incapaz de comprender.

Cuando tuve edad de visitar restaurantes y poder pagar la cuenta, evité de manera recalcitrante poner los pies en El caballito blanco. Obedeciendo a una impecable lógica juvenil, consideraba que, si ese sitio les gustaba a mis padres, forzosamente tenía que ser un asco. Mantuve mi contumacia en el error durante años,

mientras me prestaba a ser torturado en esos restaurantes de *nou-*
velle cuisine que tanto abundaron en la Barcelona de mi juventud
y que se distinguían por sus platos grandes, sus raciones pequeñas y la mala costumbre de poner un artículo delante de cada elemento de cada propuesta culinaria.

No sé quién me convenció para entrar en El caballito blanco,
pero siempre se lo agradeceré: harto de comistrajos *moderniquis*,
ese sitio me ofrecía lo de siempre y muy bien hecho. El cocinero
no tenía imaginación ni falta que le hacía: lo suyo, culinariamen-
te hablando, era lo de sota, caballo y rey. Los camareros eran de
verdad, no aspirantes a actor, artista o escritor. La decoración no
se había alterado desde que se inauguró el local en la inmediata
posguerra y era un restaurante alemán —nido de nazis, según se
contaba— llamado El caballo blanco (aunque el caballo se redujo
rápidamente a caballito).

El caballito blanco definitivo se inauguró en 1950, tras ser adquirido por Antonio Cañabate Ramos, que conservó el nombre del
establecimiento para ahorrarse las cinco pesetas que costaba hacerlo en aquella época. Dudo que cambiaran la carta jamás, pero
tampoco hacía ninguna falta, y recuerdo con especial emoción los
chipirones y, sobre todo, los macarrones, que son los más buenos
que uno haya comido nunca en su ciudad natal. Solía ser frecuentado por grupos de hombres triperos que disfrutaban zampando
(no era un sitio para citas románticas, sino para parejas de media-
na edad y pandillas de amigotes).

Fui mucho con el cineasta Paco Betriu cuando caía por su ciudad natal desde Madrid o Valencia; y también con Ia Clua, que
en paz descanse, a quien le encantaba la comida y el ambiente
(en sus últimos tiempos, la dirección se saltaba la prohibición de
fumar y cuando llegabas a la sala del fondo observabas que en
cada mesa había un cenicero); el fotógrafo Jordi Bernadó fue otro

de mis contertulios habituales; y, sobre todo, Jaume Sisa y nuestro común amigo Ignasi Duarte, gran fan del cantautor galáctico al que le aburría la gente de su edad y prefería la compañía de unos carcamales como nosotros (Sisa siempre se refería a él como *El nen*, y yo, como *El joven Duarte*).

Mis últimos macarrones en El caballito blanco me los zampé en compañía de estos dos grandes seres humanos. Lo habíamos escogido como cuartel general y, cuando el restaurante chapó en septiembre de 2015, nos quedamos sin nuestro lugar de reunión favorito. El joven Duarte se fue a vivir a París, aburrido del *prusés*, y Sisa y yo empezamos a quedar los jueves en restaurantes de menú porque ese es el día de la paella y hay ciertas tradiciones que nos gusta respetar.

El caballito blanco aún se cuela de vez en cuando en nuestras conversaciones del día de la paella. No sabemos por qué cerró, aunque no es del todo descartable que el cocinero fuera el mismo de 1950 y la diñara repentinamente a los 115 años.

55

EL PRIMER *HIPPY* ILUSTRADO

En Barcelona te puedes pasar la vida cruzándote con alguien al que nunca llegas a dirigir la palabra porque nadie te lo ha presentado formalmente. Es lo que estuvo a punto de pasarme a mí con Luis Racionero: teníamos un montón de amigos comunes, pero nunca habíamos conseguido mantener una conversación hasta que un buen día, al verlo deambular por una fiesta, decidí saltarme el estricto protocolo social barcelonés, presentarme a mí mismo y cruzar unas cuantas palabras.

Creo recordar que, básicamente, hablamos de uno de esos amigos comunes, Pepe Ribas, fundador de *Ajoblanco* y personaje que tenía en un pedestal al escritor. Dada su tendencia a la fabulación, Pepe es un hombre que se presta a comentarios irónicos, aunque cariñosos, que es lo que intercambiamos mayormente con Luis. No recuerdo quién de los dos le propuso al otro reunir a un grupo de amigos de Pepe para escribir un libro conjunto a base de ideas, anécdotas y elucubraciones del papá de *Ajoblanco*, pero sí que barajamos títulos como *Vida de este Pepe* o *El mundo según Pepe*, y que seríamos para el homenajeado lo que Boswell para el doctor Johnson. Huelga decir que ese libro nunca se escribió.

Ese fue mi único encuentro con Racionero. Enseguida volvimos a cruzarnos por los sitios sin reparar, aparentemente, en la presencia del otro ni recordar que habíamos estado hablando un buen rato y nos habíamos reído lo nuestro con Pepe (y no a costa de Pepe, que conste, pues ambos le teníamos un gran aprecio). Cosas que pasan en Barcelona. Luis volvió a ser para mí, pues, una presencia, un equivalente humano a los bancos de la rambla de Cataluña en los que tanto me gusta sentarme en horario laboral para hacerme el desocupado y ver pasar a Rafael Argullol embutido en un abrigo azul marino cuyos faldones ondean al viento (cuando hace viento).

Teóricamente, el primer *hippy* de Barcelona fue el dibujante de cómics Ernesto Carratalá, pero el primer *hippy* intelectual fue Luis. Como nos estuvo recordando toda su vida, pasó una larga temporada en Berkeley en plena eclosión *jiponcia* junto a su mujer de entonces, María José Ragué —que acabó siendo un personaje del libro más divertido de Luis, *Cómo sobrevivir a un gran amor... seis veces*—, luego volvió a Barcelona y se puso a predicar la contracultura cuando aquí nadie sabía muy bien de qué iba eso.

En la madurez le dio por la política e hizo algo tan extraño como afiliarse a Esquerra Republicana de Catalunya, finta que superó con creces acercándose unos años después al Partido Popular. Uno de sus seis grandes amores fue la doctora Ochoa, que luego se convertiría en la esposa de lord Norman Foster y pasaría los veranos en la mansión del arquitecto británico en la muy *kennedyana* isla de Martha's Vineyard, mucho más lujosa que la casita de Luis en el pueblo del Ampurdán Cinc Claus, donde Pepe aparecía para un fin de semana y podía quedarse prácticamente un año, como me comentó Racionero durante la única conversación que mantuve con él en toda mi vida.

Reconozco que escribo sobre él no como el amigo que no llegó a ser, sino como parte de mi paisaje social barcelonés. Su padre era militar, como el mío, pero, a diferencia de mi progenitor, *he married up*, que dirían los americanos, pues Luis heredó un *parking* en la plaza de la Catedral que contribuyó notablemente a mantener su alto nivel de vida. Solo nos parecíamos en un detalle muy castrense, que consiste en mostrar cierta displicencia hacia la gente que no nos cae bien, sobre todo si nos pueden enterrar en dinero.

En realidad, nunca llegué a conocer a Luis Racionero, pero su muerte me pilló por sorpresa: ignoraba que arrastraba un cáncer desde hacía cierto tiempo. Me caía bien a distancia, pero no sé si a él le sucedía lo mismo. Es más, tengo la impresión de que me borró de su disco duro a los diez minutos de concluir nuestra única conversación. Mentiría si dijese que lo echo de menos, pero es indudable que ha desaparecido otro personaje familiar de mi paisaje urbano y que, a este paso, me voy a acabar quedando tan solo como Stalin en aquellas fotos de las que iban siendo eliminados uno tras otro los camaradas caídos en desgracia.

Ruego a quien lea esto que, si la diño antes que él, se fije bien en los bancos de la rambla Cataluña cuando deambule por ahí, pues si afina un poco la vista, seguro que aprecia la borrosa figura de mi ectoplasma en uno de ellos.

TALLERES TEJADA

Si hablas con cualquiera que sobreviviese a los años setenta y ochenta en Barcelona, siempre acaba saliendo, en un momento u otro de la conversación, aquel extraño local que atendía por Talleres Tejada. Nadie lo recuerda muy bien ni es capaz de explicar grandes anécdotas al respecto, y yo tampoco. Probablemente porque a Talleres Tejada llegabas en un estado deplorable, cuando había chapado hasta el Bikini, y salías prácticamente comatoso.

Creo recordar que estaba en la plaza Letamendi, a un tiro de piedra de casa de mis padres, donde yo vivía aún por aquellos tiempos, no sé si porque los sueldos del *underground* no daban ni para compartir un piso con otros pelagatos o porque tenía un punto apoltronado que no casaba muy bien con mi papel de periodista alternativo. En cualquier caso, la cercanía de los Talleres Tejada a la piltra permitía recorrer a rastras el camino, y el único peligro, aparte de que te atropellara un coche al cruzar la calle Aragón, era quedarse frito en un rellano que no era el tuyo sin haber conseguido llegar al domicilio paterno.

Talleres Tejada abría cuando cerraba el último garito para *moderniquis*, así que podías seguir pimplando en la barra en compañía de piltrafas como tú mientras, en las mesas, unos fornidos camioneros se zampaban un desayuno de cuchillo y tenedor y te lanzaban unas miradas asesinas cargadas de odio de clase. Afortunadamente, solo visitaba Talleres Tejada cuando me arrastraban bebedores más encallecidos que yo o cuando había decidido que esa era la noche ideal para reventar al estilo de Dylan Thomas.

La única conversación que recuerdo de mi paso por tan selecto establecimiento tuvo lugar con el bongosero Ramoncito, cubano de raza negra y ciudadano ejemplar que controlaba a un par de putas del barrio chino y solía llevar una navaja metida en el calcetín por si pintaban bastos. La conversación fue un disparate y un malentendido: se me ocurrió hablar bien de Héctor Lavoe y los salseros neoyorquinos de origen boricua, y Ramoncito, henchido de orgullo cubano, me espetó que los *niuyoricans* de mis entretelas eran unos *comemieldas* que habían traicionado el son de su querida isla y que, más o menos, merecían la muerte.

Como yo si seguía defendiéndolos, pues eso deduje tras una breve advertencia de Carlos Pazos, que era su jefe en el Salón Cibeles y cuya presencia esa noche en Talleres Tejada siempre creeré que contribuyó poderosamente a evitarme el navajazo que me estaba ganando a pulso por ciscarme en Cuba, cosa que no era mi intención, aunque el bongosero enajenado así lo considerara.

Dejando aparte los problemas cognitivos de Ramoncito, Talleres Tejada se prestaba a la bronca, pero no recuerdo que pasara nunca nada. Me extraña que ningún camionero, reforzado a base de vinazo matutino su rencor social, se levantara jamás de la mesa para apuñalar a Enrique Vila-Matas, a Jorge Herralde o a mí mismo, pero en Talleres Tejada el único daño que podías sufrir era el que tú mismo le hacías a tu propio hígado.

Juraría que no se comía mal, pues me baila por la cabeza haber ingerido algo alguna vez. Y como decía siempre mi padre en la carretera, había que parar a comer siempre en figones frecuentados por camioneros, una gente que, según él, no se equivocaba jamás a la hora de elegir el decorado de su condumio.

No sé cuándo cerró Talleres Tejada. No recuerdo con exactitud el punto de la plaza Letamendi en que se encontraba. No recuerdo prácticamente nada de mis visitas al establecimiento. Y todos mis esfuerzos por reconstruir la historia de ese extraño abrevadero con amigos que también lo frecuentaron durante la Transición no han dado fruto alguno. Nadie recuerda nada. Señal de que estuvieron allí o de que Talleres Tejada nunca existió y fue tan solo una alucinación colectiva.

57

CARMEN DE MAIRENA,
GLORIOSO ESPERPENTO

No llegué a conocer personalmente a Carmen de Mairena (Miguel Brau Gou, Barcelona 1933–2020), pero la consideraba como de la familia, no en vano había dedicado los últimos veinte años de su vida a incrustarse en el imaginario colectivo de los españoles en general y de los barceloneses en particular. Solo me la crucé en dos ocasiones: bajando de un taxi en la zona alta de la ciudad —siempre pensé que nunca se aventuraba más allá de la fuente de Canaletas—, en compañía de un señor mayor con pinta de gigoló jubilado, y sentada en la terraza del Cosmos, en La Rambla, observando el paisaje humano con aires de diva del cutrerío, que es lo que siempre fue. Carmen era —y lo digo sin ánimo de ofender, de verdad— un mamarracho entrañable.

Pero antes de Carmen de Mairena hubo un tal Miguel de Mairena, prototipo del sarasa coplero muy popular en Andalucía, pero poco o nada en nuestra querida ciudad. Con ese alias, nuestro hombre alcanzó cierta popularidad y hasta llegó a tener unos cuantos fans. A los que perdió en su práctica totalidad cuando decidió convertirse en una mujer a su manera; es decir, poniéndose en manos de quien no debía: cirujanos chapuceros, administradores chungos de silicona y demás sacamantecas de la reconstrucción física que lo dejaron hecho el cromo que todos conocimos y que animaba con su presencia, entre ida y sandunguera, los programas de Xavier Sardà o Toni Rovira.

La pérdida de su público la llevó a la prostitución (primero) y a alquilar habitaciones en su chamizo del Raval a profesionales más jóvenes (después), actividad que la llevó a ser detenida dos veces por la policía sin que nunca llegara la sangre al río. Era admirable la manera en que explicaba la decadencia musical que la condujo a alquilar su cuerpo. Otra se habría puesto dramática o lo habría ocultado, pero Carmen se lo contaba todo a cualquiera que se interesara por su cochambrosa existencia: un día la vi por la tele, frente a un edificio de su barrio, resumiendo la situación con una frase muy similar a esta: «La de pollas que me habré comido en ese portal».

Ya talludita, Carmen rodó algunas películas porno (una de ellas con Dinio, nada menos), aunque no conozco a nadie que las haya visto: yo solo llegué a ver un fragmento que me quitó las ganas de ver el largometraje entero. Paco Betriu podría haberle dedicado un documental tan logrado como su *Mónica del Raval*, producto digno de Berlanga y Azcona sobre una prostituta con sobrepeso y permanentemente en celo, pero habrá que esperar a un *biopic* como el que los Javis le han dedicado a La Veneno (aunque costará encontrar al actor o la actriz adecuados y el maquillaje se pondrá en un pico, si es que no hay que recurrir a un genio de los efectos especiales).

En 2010, azuzada por Ariel Santamaría —un extravagante músico y político rural que oficiaba bodas vestido como Elvis en Las Vegas hasta que se lo prohibieron los cenizos de su consistorio—, se sumó a la CORI (Coordinadora Reusenca Independiente) y se presentó a las elecciones generales, logrando en Cataluña más votos que UPyD. Durante la campaña, patentó dos lemas geniales dedicados a sus inmediatos competidores: «José Montilla, cómeme

la pepitilla» y «Artur Mas, te voy a dar por detrás». Muy en la
línea de su autodefinición: «Soy una mujer completa, tengo polla
y tengo tetas». O de la inexacta estrofa de una de sus canciones:
«Soy elegante por detrás y por delante».

Carmen de Mairena nunca fue elegante ni falta que le hacía. Su
gracia radicaba en una desfachatez impresionante capaz de des-
armar a cualquiera que se atreviese a criticarla. Y, aunque tuvo lo
que a todas luces puede definirse como una vida de perros, nunca
se dio por aludida al respecto. No conozco a nadie a quien le ca-
yera mal, tal vez porque representaba una Barcelona que había
dado sus últimas boqueadas durante la Transición, cuando Ocaña
montaba sus numeritos en La Rambla en compañía de Nazario,
Camilo, Violeta la Burra o Paca la Tomate.

Quien quiera profundizar en el personaje, hará bien en leer la
estupenda y peculiar biografía que le dedicó Carlota Juncosa, una
ilustradora que sabe escribir con mucha gracia (la publicó Blackie
Books en 2017). Los bienintencionados intentos de convertir a Carmen en un icono LGTB tras su fallecimiento no sé si los aprobaría:
como contaba Carlota, Carmen tenía un punto muy conservador
y se escandalizaba si veía a dos hombres besándose en la calle. Yo
creo que estaba encantada de ser un personaje marginal, cutre y
bochornoso y que la vindicación gay y las marchas feministas se
le antojaban fuera de lugar, con lo bien que se estaba fuera de esa
corrección política a la que siempre le tuvo más miedo que al sida.

58

QUIEN CALCULA COMPRA EN SEPU

Cada Navidad, un infeliz disfrazado de rey mago —o de paje de los Reyes Magos, ya no lo recuerdo— se jugaba la vida en la fachada del Sepu, en plena Rambla de Barcelona, para sacarse unos duros: sentado en un sillón que de lejos parecía rutilante, nada parecía separarle de una caída inminente y letal, aunque supongo que debía estar protegido por una mampara de plexiglás o algún material igual de cutre; o no, porque la época no daba para medidas de seguridad y, si querías sacarte unas perras, te veías obligado a no sufrir de vértigo y a tirarte unas cuantas horitas al borde del vacío y saludando y sonriendo a los niños que pasábamos por delante de los (no muy) grandes almacenes en la Barcelona de los años sesenta. No se me ha ido de la cabeza en seis décadas que, desde mi perspectiva a pie de calle, aquel pobre hombre estaba siempre a punto de precipitarse sobre La Rambla, algo que nunca llegó a pasar y que, en caso de haber sucedido, me habría traumatizado para siempre: todo un rey mago —o todo un paje de los Reyes Magos— hecho fosfatina en mitad del bulevar más famoso de Europa es algo que se me habría quedado grabado para la eternidad.

La palabra Sepu estaba compuesta por las iniciales de la empresa Sociedad Española de Precios Únicos, creada en el Madrid de 1934 por dos judíos suizos, Henri Reisembach y Edouard Worms.

La sede barcelonesa se inauguró el 26 de marzo de 1936. Poco antes de la Guerra Civil, los falangistas, desde el diario *Arriba*, la emprendieron con los dueños de Sepu a lo bestia, por puro antisemitismo, y menos mal que ninguno debía de saber que *Worms* significa gusanos en inglés, pues, en ese caso, seguro que no habrían dejado pasar la oportunidad de utilizarlo en su contra. Después de la guerra, el Caudillo debió de tomar cartas en el asunto, ya que la campaña antijudía de Falange terminó de manera brusca y el Sepu pudo seguir tranquilamente con su misión de convertirse en una especie de grandes almacenes para pobretes, un colectivo que abundaba en la posguerra española. Si los almacenes Jorba (para mi abuela, siempre *Can Jorba*, incluso cuando fueron adquiridos por Galerías Preciados) se dirigía a la burguesía con posibles, Sepu iba directa al populacho o a la clase media tirando a baja y obligada a ser ahorrativa: para ese público se ideó el eslogan «Quien calcula compra en Sepu».

Mi madre, que vivió mentalmente en la posguerra hasta finales de los años sesenta, era adicta al Sepu, y a ella le debo mis visitas infantiles a ese establecimiento que se me antojaba el colmo del cutrerío en comparación con Jorba Preciados o El Corte Inglés (el más califa de los rubíes, como diría el poetastro del cuento de Borges, del comercio popular); aunque el destino de compras favorito de mamá era, por motivos que nunca alcancé a entender muy bien, un palacio del plástico y perfecto antecesor de las tiendas de chinos que atendía por Gerplex y que estaba en el paseo de Gracia, a dos pasos del colegio de los escolapios de la calle Diputación al que yo acudía (por obligación y no por gusto) para que me desasnaran. En mi familia, a El Corte Inglés, que llevaba muy poco tiempo abierto, se iba de uvas a peras, pero el Sepu era de visita obligada.

El Sepu de Barcelona fue el primer gran almacén español en contar con escaleras mecánicas, que a mí siempre me han gustado mucho. Ya no recuerdo qué comprábamos, pero intuyo que una gran parte de la ropa deprimente que yo lucía de crío salió de aquel emporio del ahorro. En Navidad, a falta de tirar la casa por la ventana, Sepu estaba a punto cada año de arrojar al vacío a un rey mago (o al paje de un rey mago). No creo que cada año se sirvieran del mismo pringado, pero a mí se me ha quedado grabado uno al que se le despegaba la barba constantemente y que saludaba a la chiquillería con escaso entusiasmo y lo que parecía cierta preocupación por la posibilidad de diñarla en el cumplimiento del deber. El pobre hombre debe de llevar años muerto, aunque quiero creer que no por incrustarse en el pavimento de La Rambla. El establecimiento que le echaba parcamente de comer cerró en el 2000.

59

EL GRAN PEPUS

Me lo presentó su primo Sergio a finales de los setenta y me pareció el tipo más seguro de sí mismo que había visto en mi vida. Pepe Vila-San Juan trabajaba en TVE como realizador, se desplazaba en Vespa por Barcelona, lucía barba de profeta y tenía justa fama de seductor y *globetrotter*, pues las mujeres y los viajes constituían para él dos asuntos prioritarios. Nos fuimos haciendo amigos poco a poco, y creo que lo que yo más valoraba en él era esa manera que tenía de ir por la vida pisando fuerte, esa habilidad para los equilibrios sin red en el espacio, ese mensaje sin palabras que te lanzaba de que, como dijo el clásico, no había nada que temer salvo al miedo en sí mismo. Para alguien como yo, tendente a la melancolía (disimulada o tamizada por un sentido del humor que algunos han definido piadosamente como peculiar, por no decir siniestro), la presencia de Pepus, como le llamábamos los amigos, era la garantía evidente de que nada malo podría pasarte en las siguientes horas.

Pepus se metía en todo a fondo y con su acostumbrada vehemencia. En diferentes fases, le dio por el arte contemporáneo, la arquitectura, el videoarte, Miles Davis y otros temas que ya no recuerdo, pero sobre los que no podía evitar aleccionarte cuando te veía. A medias con Lulú Martorell, consiguió rodar una de las pocas entrevistas que existen de Jean-Michel Basquiat (si no la única) y puse en marcha algunas iniciativas que salieron o no salieron, pero que les mantuvieron entretenidos durante un buen rato. Yo trabajé con él en un programa para la televisión gallega, *Atlántico* —versión galaica de *Pleitaguensam*, el espacio de videoclips de Pepe y Lulú para TVE— y en una serie de televisión sobre las islas de la Polinesia Francesa que produjo el difunto José María García Arnalot —personaje divertido, atrabiliario y *bigger than life* que acabará saliendo en estas páginas tarde o temprano— y que TVE emitió tantas veces que aún me llega de vez en cuando algún euro por el guion (la presentaba Vaitiare, una exnovia de Julio Iglesias, a la que Pepus, evidentemente, se benefició). Por esa época se casó con una mallorquina encantadora con la que acabó fatal, pero de ahí salió esa estupenda persona y estupenda directora de fotografía que es Andalu Vila-San Juan.

Si de alguno de mis amigos pensaba yo que jamás se deprimiría, ese era el gran Pepus. Sin embargo, cuando se hundió lo hizo a lo grande y de manera irreversible. Hasta la depresión se la tuvo que tomar, para su desgracia y la de sus camaradas, con la vehemencia habitual. Vivía en Nueva York, trabajando para BTV, cuando se le rompió la cámara e inició así su descenso a los infiernos. Yo nunca había visto algo igual. Ni lo había visto ni lo había visto venir: toda una vida flirteando con la melancolía no me había preparado para tanta devastación moral. A día de hoy, sigo sin entender muy bien qué le pasó, pero supongo que ya da igual porque Pepus acabó falleciendo hace algunos años en el piso tutelado que compartía con otros tres seres hundidos. Nunca he sabido con exactitud de qué murió, pero puede que la costumbre de automedicarse tuviese algo que ver. Parecía haberse recuperado un poco, volvía a tener ideas y trabajaba para la pequeña productora Alguien Voló, dirigida al alimón por su primo

Morrosko y Josep Antoni Salgot. Parecía que estaba saliendo por fin del hoyo y, de repente, murió cual personaje de la canción de Jim Carroll «People who died».

Suelo recordarle al frente del equipo en Tahití, repartiendo órdenes y algún chorreo, o en el centro de salud de al lado de mi casa en el que pasó una temporada extrañamente serena: en esa época, lo sacaba a comer de vez en cuando, aunque era imposible animarle y, con su vehemencia habitual, lograba deprimirte a ti, que te las veías y deseabas para verle alguna lógica a la existencia. Pepus se entregó a la depresión con tanta pasión como les puso previamente a las mujeres, los viajes, Miles Davis y el videoarte. Ya he dejado de preguntarme qué le pasó para caerse con todo el equipo de repente y, simplemente, me limito a echarle de menos de vez en cuando, como a los demás difuntos de mi biografía: «Those are people who died, died... They were all my friends, they just died...».

60

TIKI BARS: LA POLINESIA A TU ALCANCE

Aunque ahora ya solo quedan tres, hubo una época en Barcelona en la que proliferaban los bares de ambiente supuestamente polinesio. Llegó a haber entre siete y diez (los historiadores no se ponen de acuerdo) y atendían a una clientela variopinta entre la que destacaban los compañeros de oficina de ambos sexos (se suponía que su elegancia y exotismo, también supuestos, los hacían muy adecuados para atraer a unas mujeres que se habrían echado atrás de tratarse de meros figones o de coctelerías para parejas sofisticadas) y los grupos de estudiantes universitarios de los primeros cursos (los de los últimos ya habían pagado la novatada y no volvían ni a rastras, como me sucedió a mí mismo). En el fondo, eran una versión seudoexótica de aquellas tabernas rústicas a base de vinazo y choricitos del diablo que vivieron su esplendor en la misma época, los años setenta: unas y otros eran ideales para que el adolescente echara su primera papilla etílica nada más abandonarlos, ya fuese por la mezcla letal de fritanga y vino peleón (las tabernas rústicas) o por los cócteles dulzones, absurdos y frecuentemente humeantes (los bares polinesios). Ya volveremos a las tabernas rústicas en una próxima entrega, pero ahora detengámonos en esa Polinesia de pacotilla.

A día de hoy, sigo sin saber por qué se pusieron de moda, pero, como tampoco entiendo el auge del pantalón de pata de elefante, deduzco que los setenta fueron unos años propicios para los fenómenos paranormales y/o inexplicables. El origen del invento se remonta a los años treinta en Estados Unidos, cuando un tal Ernest Gantt, alias Don Beach, creó en Los Ángeles el primer *tiki bar* del que hay constancia, Don the Beachcomber, cuna del Sumatra Kula y del Zombie (tras la guerra, el hombre se trasladó a Hawái, donde montó el Waikiki Beach). El cóctel estrella del, digamos, movimiento estético-etílico, el *mai tai*, fue inventado en 1944 por el principal competidor de Gantt, Victor Bergeron, desde su local californiano, Trader Vic's.

La ironía de los sesenta convirtió los *tiki bars* en frecuente motivo de chanza, pero eso no impidió que llegaran a la Barcelona de los setenta y, durante un cierto tiempo, lo petaran. Evidentemente, ningún bebedor que se respetara puso jamás los pies en el primero de ellos y uno de los tres que se conservan, el Kahala (Diagonal, 537) —los otros dos son el Kahiki (Gran Vía, 581) y el Aloha (Provenza, 159)—, pero fueron pasto de truños estudiantiles y oficinescos.

Mis primeros años en la universidad transcurrieron, en lo relativo a la priva, entre las tabernas rústicas y los bares polinesios, algo que me dio cierta vergüenza hace años y que desde que no bebo me da igual. Si no recuerdo mal, me tocó el Kahala, aunque es posible que se tratara del Aloha o del Kahiki o de cualquier otro de los que no sobrevivieron, pues todos eran iguales y compartían la misma decoración como de forillo de película americana ambientada en los mares del sur a base de cartón piedra. Los cócteles se servían en vasos con forma de *tiki* (idolillo polinesio), de coco, de calavera o de cualquier cosa lo suficientemente fea como para interpelar al dueño del establecimiento. Solían lucir sombrillitas de papel, algunos echaban humo y, si no me lo he inventado, ciertos vasos brillaban en la oscuridad. Era inútil intentar ligar porque a las chicas nunca les ha gustado que les vacíes tus tripas en los zapatos, pero es que los bares polinesios no te predisponían al amor, sino a la vomitona.

Si lo que acaban de leer les parece demencial, esperen a que me ponga con las tabernas del vinazo y los choricitos. Próximamente en esta sala.

61

EL GRAN VIDEOCLUB

El primer videoclub de España nació en Barcelona, en la calle Comercio, en 1980. Un año después se trasladó a la que fue su sede hasta 2018, en el número 30 de la calle Enrique Granados, entre Valencia y Mallorca, a un tiro de piedra de la casa de mis padres (primero) y de la mía (después). Se llamaba (y se llama, pues sobrevive a día de hoy, aunque me caiga más a trasmano, en el 239 de la calle Viladomat) Video Instan y fue para mí durante años una especie de hogar (no muy) lejos del hogar. Actualmente, me recuerda al gato cuántico de Schrödinger, que está y no está, que existe y no existe. Lo visito de uvas a peras y, en cierta medida, considero Video Instan un elemento más de mi Barcelona fantasma. Puede que, como decían los Buggles, el vídeo matara a la estrella de la radio, pero es indudable que las plataformas de *streaming* han desintegrado la industria de los videoclubs en Barcelona y en toda España. La labor de Aurora Depares —la hija de Jenaro y Aurora, los responsables del invento— es admirable: con la respiración asistida de una cafetería, una sala con 32 butacas, actividades a cascoporro y una moral tan solo equiparable a la de los hinchas del Alcoyano, la buena de Aurora se ha propuesto alargar todo lo posible la vida del moribundo, cosa que espero sinceramente que consiga, pues es una chica estupenda, pero no lo va a tener fácil.

Los años de esplendor de Video Instan quedan atrás, desgraciadamente. A su rebufo, surgieron en Barcelona videoclubs como setas durante los años noventa. Mientras la competencia palmaba —los pequeños locales, pero también los de la multinacional Blockbuster, coincidiendo la muerte de estos con la de otros iconos norteamericanos como Tower Records o (múltiples sedes de) la librería Barnes & Noble—, Video Instan se mantenía a flote durante los primeros tiempos del *streaming*, aunque sus años dorados fueron ya no los del DVD, sino los de las cintas VHS. Era un negocio que se tomaba en serio a sí mismo, llegando a contar en su archivo con cerca de 50.000 películas.

Hubo una época en la que yo pasaba a diario, ya fuese en busca de alguna novedad o de determinada rareza escondida en un anaquel. Solía cruzarme con Pere Vall, que entonces era el redactor jefe de *Fotogramas* y del que siempre sospeché que vivía en aquel lugar tras conseguir que le pusieran un plegatín en algún rincón. Y allí conocí a Miguel Gila, asiduo del establecimiento, siempre con camisa roja y ganas de dar conversación. Los viernes, la visita era más larga, pues en la buena época del VHS uno podía salir de allí con cuatro o cinco películas para el fin de semana. Tras unos años juveniles dedicado a la disolución y el desparrame nocturnos, en los que descuidé bastante mi asistencia a las salas, Video Instan me dio la oportunidad de ponerme al día y les aseguro que no la desperdicié.

Me gustaba mucho también lo que podríamos llamar el factor humano. Puede que don Jenaro fuese más bien adusto, pero su mujer y su hija, las Auroras, eran encantadoras, al igual que la mayoría de las chicas que trabajaban allí (con puntuales excepciones que, carentes de simpatía y de conocimientos, solían desaparecer más pronto que tarde). En cuanto a la clientela, había de todo, incluyendo el usual contingente de frikis que suele congregar el mundo del cine (y el de los cómics, pero eso ya es otra historia): mi favorito era el padre de un amigo, sordo cual tapia y cuyo nombre no revelaré, que alquilaba exclusivamente películas de tortazos y explosiones (puede que fuesen las únicas que oía más o menos bien). Daba gusto verlo salir del local llevando en brazos incontables cintas protagonizadas por Schwarzenegger, Stallone o Van Damme.

Video Instan funcionó a la perfección durante la era del VHS y se aclimató muy bien a la del DVD, aunque don Jenaro insistiera, contra toda base científica, en que la cinta era muy superior en calidad al disco. Mientras se producía la escabechina generalizada de pequeños locales, el Gran Videoclub resistía muy dignamente. Hasta que un incremento desorbitado del alquiler —todo el mundo se había dado cuenta de que poseer un local en Barcelona era como estar sentado sobre una mina de oro— llevó al cierre y a la reapertura en lo que, para mí, bicho de barrio, era el quinto pino. Por eso ahora, para quien esto firma, Video Instan existe y no existe al mismo tiempo. Sé que hay un Video Instan en la calle Viladomat, pero mi Video Instan, el de Enrique Granados, el emporio del cine doméstico, ya solo existe en mi memoria, donde es uno más entre tantos fantasmas de una ciudad que va desapareciendo lenta pero decididamente.

62

EL *AJOBLANCO* DE PEPE RIBAS

La existencia de mi amigo Pepe Ribas es inseparable de la de *Ajoblanco*, la revista que se inventó en 1974, vio morir en 1980, hizo renacer en 1987, asistió a su segundo fallecimiento en 1999 y trató de volver a la vida en 2017, aunque en esta ocasión la aventura no pasó del segundo número. Aunque ha publicado algunos libros (ensayos y novelas), el centro de gravedad permanente (que diría Franco Battiato) del amigo Pepe siempre ha sido esa revista nacida en Barcelona a finales del franquismo: hasta sus memorias están ligadas a ella, como demuestran el primer tomo (*Los 70 a destAJO*) y la anunciada, pero aún no publicada, segunda entrega (*Los 80 al carAJO*). Pepe siempre se ha referido a su criatura como el *Ajo*, con la familiaridad de quien habla de un hijo muy querido o, como parece ser el caso, del proyecto que justifica toda una vida.

Hubo unos años, antes de que se retirara a l'Empordà de forma más o menos permanente, que uno se lo cruzaba por el Ensanche y le oía pronunciar una mezcla de mantra y jaculatoria que era siempre la misma: «Voy a volver a sacar el *Ajo* porque es más necesario que nunca». Cuando por fin lo hizo, el público no le respaldó y la cosa fue el entierro definitivo de la revista, aunque en lo relativo a Pepe y su *Ajo* nunca puede darse nada por definitivo: igual un día de estos me acerco al quiosco (si es que aún quedan quioscos) y me encuentro con el número 1 de la nueva etapa de la revista. La verdad es que me encantaría. Pero lo dudo. La época que vivimos no tiene nada que ver con la de los estertores de Franco y la subsiguiente Transición democrática, la prensa en papel parece tener los días contados y, sobre todo, las cosas que defendía *Ajoblanco* o no le interesan a nadie o se han popularizado en una dirección diferente. El *Ajo* es hijo de su tiempo, como lo es su creador y lo somos todos los que nos movimos tiempo ha por el desaparecido mundo de la prensa alternativa barcelonesa.

1980 fue un año negro para esa prensa. La diñaron con escasos meses de distancia *Ajoblanco*, *Star* y *Disco Exprés*. Los responsables de estas dos últimas publicaciones, Juan José Fernández y Gay Mercader, las dieron por muertas y a otra cosa, mariposa (Juanjo sacó el tebeo *Bésame Mucho*, que coordinamos en etapas consecutivas un servidor de ustedes e Ignacio Vidal-Folch, y Gay siguió con sus conciertos de rock), pero Pepe se quedó como si se le hubiese muerto el primogénito y, aunque tardó un poco, no paró hasta resucitarlo. La segunda etapa de la revista duró de 1987 a 1999, incluyó una peculiar asociación con Pedro J. Ramírez y exhibió un aspecto más profesional que el original, recurriendo a la inspiración del mensual francés *Actuel*, que en su momento dio mucho (y bueno) que hablar (hasta marcó una voluntariosa, aunque fallida, revista de la gente de *El Víbora*, *Europa viva*, que algunos malintencionados rebautizaron como *Europa boba*). La segunda encarnación del *Ajo* duró más que la primera, pero esta es la que más indeleblemente ha quedado marcada en la memoria colectiva, tal vez por la sinceridad, buena fe y admirable ingenuidad mostrada por sus responsables en una época en la que parecía que el futuro no tenía por qué ser el que acabó siendo.

A diferencia de *Star* y *Disco Exprés*, donde primaban la diversión, la música, los cómics y las ganas de hacer el ganso de sus colaboradores, *Ajoblanco* se tomó muy en serio a sí misma desde el principio. Puede que hubiera quien llegara a escribir en las tres, pero siempre hubo una cierta rivalidad, aunque de buen rollo, entre los rockeros y comiqueros, por un lado, y los ácratas trascendentes, por otro. De hecho, antes del hundimiento colectivo, los sarcasmos sobre las pretensiones sociales y políticas del *Ajo* eran bastante comunes entre los redactores de *Star* y *Disco Exprés*. Puede que la ideología de *Ajoblanco* resultara a veces confusa —se tocaban demasiados palos: drogas, comunas, pensamiento alternativo, cuestión homosexual—, pero había una ideología que acompañaba una determinada visión de la sociedad que brillaba por su ausencia en las otras dos publicaciones del *underground* de la época, más nihilistas en el fondo, o más inconscientes, o más centradas en la santísima trinidad alternativa patentada por Ian Dury en una de sus canciones, «Sex and drugs and rock and roll».

Pepe Ribas, secundado por Toni Puig y Fernando Mir, iba muy en serio con el *Ajo*. De ahí su persistencia a la hora de mantenerlo con vida. Hace tiempo que no me lo cruzo por el Ensanche barcelonés, pero lo cierto es que pocas cosas me harían más ilusión en este mundo que volverme a topar con él en la esquina de Balmes con Valencia y escuchar de nuevo ese viejo mantra que ojalá se hubiese basado en la realidad más que en el deseo: «Voy a volver a sacar el *Ajo* porque es más necesario que nunca».

63

EL TÍO VÁZQUEZ

Manuel Vázquez Gallego (Madrid, 193–Barcelona, 1995) sostenía que nunca había puesto los pies en un hospital porque tenía la intuición de que, en cuanto lo hiciera, ya no saldría de él vivo. No sé si era cierta la primera mitad de la declaración —una gran parte de lo que contaba eran patrañas o versiones literariamente embellecidas de la realidad—, pero la segunda sí lo fue: sufrió una embolia cerebral a los 65, lo ingresaron y la diñó. No sé si dejó deudas y pufos a mansalva, pero eso es lo menos que esperábamos de él quienes lo habíamos conocido en sus últimos años, cuando se convirtió en una especie de leyenda viva del tebeo español y fue oficialmente adoptado como maestro de vida por el sector más alternativo del oficio (paralelamente, su hijo Manolo, al que habíamos conocido en sus tiempos de niño capaz de sobrevivir a un padre como Vázquez, fue más o menos protegido por mi amigo Joan Navarro, una de las personas más bondadosas que he conocido nunca y cuya influencia fue fundamental, en mi modesta opinión, a la hora de alejar al mostrenco de la vida descacharrada para la que le había preparado su amoral progenitor, sujeto *bigger than life* donde los haya para el que la existencia era una jungla por la que había que abrirse paso a codazos —y sablazos— sin pararse mucho a pensar en las víctimas que iba dejando por el camino).

En teoría, Vázquez era de esas personas con las que uno no debería haberse cruzado en la vida. Era de otra época. Era el mejor autor de la escuela Bruguera junto a Francisco Ibáñez, con el que no tenía nada que ver: el padre de *Mortadelo y Filemón* siempre ha sido un hombre de orden y un estajanovista del cómic —recordemos su legendario mantra «¡Al tablero, al tablero!»—, mientras que el creador de *Las hermanas Gilda* (1949) o *La familia Cebolleta* (1951) ejerció siempre la picaresca, fue un maestro del sablazo y el abuso de confianza, se desentendió de sus tres primeros hijos, vivió permanentemente a salto de mata y se portó como un adolescente gamberro hasta el fin de sus días. Moralmente discutible, Vázquez encajó muy bien en el mundo de la línea chunga, trabajando para la revista *Makoki* a partir de 1990, año en que recibió el Gran Premio del Salón del Cómic de Barcelona, y apuntándose a la peculiar vida social de una gente siempre dispuesta a invitar al maestro: cerveza y canutos gratis, ¿qué más podía desear alguien que ya era *underground* antes del *underground*?

Gracias a sus fans, Vázquez vivió una segunda juventud durante los últimos años de su vida y la aprovechó al máximo: era como nuestro Profesor Choron del *Hara Kiri* y se comportaba siempre como se esperaba de él (a destacar su *performance* en un bar de Angulema, cuando optó por mearse contra la barra mientras daba conversación a un camarero que no se daba cuenta de la trastada). Personalmente, no tuve mucho trato con él. La vez que más hablamos fue cuando le entrevisté para el suplemento dominical de *El País*, un encuentro del que salí con sentimientos contrapuestos. Por un lado, su obra para Bruguera me parecía sensacional, y su vida de pícaro, muy entretenida. Por otro, creí discernir un vacío moral que no me hizo ninguna gracia, como el que supongo que, en su momento, experimentaron las víctimas de sus legendarios sablazos y discutibles trapisondas. Pero fue solo eso, una impresión, pues mentiría si dijese que llegué a conocerlo bien: igual era una bellísima persona a la que mis prejuicios éticos me impidieron valorar en su justa medida; solo sé que salí de su casa con una necesidad perentoria de ducharme.

Para la mayoría de sus seguidores, nuestro hombre siempre fue el Tío Vázquez —el emprendedor Alejandro Casasola no paró hasta lograr que le pusieran una calle en Granada, donde dirigía unas jornadas anuales dedicadas al cómic—, un entrañable vividor que había brillado con luz propia a la hora de hurtar su cuerpo al sistema. Esa es la imagen que mostraba el *biopic* que le dedicó Óscar Aibar, *El gran Vázquez*, con Santiago Segura en el papel principal, y la que ha quedado para la historia. Quiero creer que el lado oscuro, amoral, egoísta y negado para la empatía que atisbé durante nuestra conversación fue solo una percepción mía, pero es una percepción de la que no he conseguido desprenderme hasta ahora, cuando se cumplen 25 años de su primera y última entrada en una instalación sanitaria.

64

STUDIO 54:
QUIERO Y NO PUEDO

Aunque no recuerde dónde estaba y qué hacía dos semanas atrás, sé perfectamente que el 9 de octubre de 1980 me hallaba frente al número 64 del Paralelo barcelonés para asistir a la inauguración de la macro discoteca Studio 54, pretendido icono máximo de la modernidad de la época, cuando el papanatismo de corte neoyorquino gozaba en Barcelona de su momento más álgido: si no acababas de volver de Manhattan o estabas a punto de volar hacia allá, no eras nadie en el universo *moderniqui*. La Nueva York del Mediterráneo: a eso aspirábamos algunos ilusos con respecto a nuestra ciudad hasta que llegó el comandante Pujol y mandó parar (para alegría de la mayoría de nuestros conciudadanos, que ya estaban hasta la barretina de nuestras chorradas cosmopolitas).

No sé muy bien qué hacía yo en la inauguración de una discoteca, pues nunca me habían gustado (lo mío eran los bares), pero supongo que me contagié del provincianismo con pretensiones que emanaba de la propuesta. La cosa no tenía nada que ver con el Studio 54 original —supongo que le soltaron unos pavos a Steve Rubbell para usar el nombre y eso fue todo—, y su impulsor era un norteamericano llamado Mike Hewitt del que nunca más se supo: fue él quien tuvo que negociar con el empresario Matías Colsada para convertir el Teatro Español en una disco con capacidad para tres mil personas, pero el principal responsable del establecimiento durante años fue el experiodista musical Damián García Puig. Por motivos que ya no recuerdo, Damián y yo experimentábamos una antipatía mutua muy notable. Me baila por la cabeza que yo le consideraba un trepa, y él a mí, un imbécil. Pero teniendo en cuenta que falleció recientemente, voy a seguir ese precepto anglosajón según el cual si no puedes decir nada bueno de alguien, mejor no digas nada.

La noche de la inauguración, todo el que quería formar parte de la Nueva York del Mediterráneo se presentó en Studio 54, pero alguno se quedó con las ganas. Hay una imagen que se me ha grabado para siempre en la sesera: alguien sostenía en alto la invitación para que no se le arrugara en el obligado roce con la turba; un caradura anónimo se la arrebató limpiamente y se confundió cobardemente con la masa; el pobre tipo que ya no podría acceder al paraíso se desahogó cómo pudo, gritando: «¡El que me ha quitado la invitación es un hijo de puta!». Nadie le llevó la contraria, pero el hijoputa en cuestión acabó entrando en Studio 54 y él no.

Creo que, en ese momento, debería haberle pasado mi invitación a aquel pobre hombre cuyo rostro era la viva imagen de la desesperación y buscarme un bar en el que beber tranquilo. Pero no lo hice. Sabía que aquello no tendría nada que ver con el Studio 54 de Nueva York, que no me iba a cruzar con Andy Warhol y Bianca Jagger, que, en el fondo, estaba haciendo el cateto, pero la lógica de la época me obligaba a entrar, aunque solo fuera para comentar después con los amigos que el sitio daba pena.

No volví muchas veces más a Studio 54. Puede que para algún concierto —por allí pasaron Ultravox, Depeche Mode, Tina Turner o Spandau Ballet— o porque alguien me arrastraba a altas horas de la madrugada porque nos habían echado de nuestros abrevaderos habituales. Pero mi asco hacia las discotecas se mantenía

en su sitio y, además, como decía Norman Mailer, los tipos duros
no bailan (y los patosos como yo, tampoco). El sucedáneo barcelonés, eso sí, duró más que el original, cerrado a principios de los
ochenta por evasión de impuestos. Se mantuvo con vida hasta
1994, cuando Barcelona ya había sustituido las pretensiones neo-
yorquinas por la alegría postolímpica y las aspiraciones a capital
de una nación milenaria (pero sin Estado). Uno de los iconos de
nuestro permanente quiero y no puedo chapó entre la indiferen-
cia general: la mayoría de los barceloneses ni se acordaba ya del
Studio 54 original ni de lo que había querido representar su falsa
delegación junto al Mediterráneo.

65

LA SUPERTIENDA DE MR. BRANSON

Ahora hay un Zara enorme, pero, entre 1992 y 1998, la entrada del número 16 del paseo de Gracia (esquina con Gran Vía) acogió la tienda de discos más grande d,e Barcelona, Virgin Megastore, que abrió a bombo y platillo y acabó chapando de manera más bien triste, como el resto de supertiendas que el magnate británico Richard Branson tenía repartidas por el mundo cuando la gente compraba discos y películas en vídeo. El edificio me resultaba familiar: en su cima había tenido su sede la mítica terraza Martini, el mejor sitio de la ciudad para suicidarse, como sostenía mi amigo Juan Bufill, a la que ya dediqué un capítulo de esta serie y que también cerró, ¡para desespero de los gorrones endomingados que acudían a la presentación de lo que fuera a pillar copas, canapés y croquetas gratis!

Mentiría si dijese que el Virgin Megastore fue mi tienda de discos favorita: la encontraba demasiado grande, gigantesca, no muy bien ordenada... Siempre estuve más a gusto en Castelló, pero lamenté su cierre en 1998 porque intuía que eso conllevaba en cierta medida el fin del mundo tal como lo habíamos conocido (por citar a REM). Los *megastores* de Virgin cayeron a nivel global, y lo mismo sucedió con Tower Records, cadena que nunca llegó a España, pero que en los viajes a Londres o Nueva York te alegraba mucho la vida. Todas esas supertiendas basadas en la variedad y la abundancia aplicadas a la música y al cine ya no existen. O solo queda la FNAC, que tengo la impresión de que no se lucra precisamente con los discos y los deuvedés, que van perdiendo espacio, lenta pero decididamente, durante los últimos años. O esa impresión tengo.

Los proyectos elefantiásicos en torno a los discos, algo que ya nadie compra, no podían durar. Pero en 1992, año olímpico en mi ciudad, la inauguración del Virgin Megastore era toda una señal de (aparentes) vanguardia y progreso, una especie de bendición de la modernidad a la ciudad que no tardaría mucho en convertirse en esa meca del turismo que es la mezcla de Manhattan y Lloret de Mar que ahora disfrutamos. La prensa le concedió tal importancia a la inauguración de la supertienda de Virgin que *El País* (donde yo colaboraba entonces) me envió a Londres para entrevistar a Richard Branson, quien me recibió con amabilidad y desinterés a partes iguales. Su departamento de relaciones públicas debería haberle dicho que le convenía soltar unas palabritas a los españoles para recordarles que abría sede en Barcelona y el hombre se prestó a ello sin especial entusiasmo (como me informó su secretaria, andaba muy liado con la compra de una compañía aérea).

Fue una conversación breve y absurda. Yo quería hablar con el joven visionario que fundó Virgin Records y se forró con un disco aparentemente imposible de monetizar (*Tubular Bells*, de Mike Oldfield), pero me topé con un empresario maduro que respondía con vaguedades a las preguntas sobre su pasado porque su pasado le importaba un rábano, estaba intentando adquirir una línea aérea y yo le estaba haciendo perder el tiempo. No conté las veces en que aquel amago de conversación fue interrumpido por alguna secretaria o algún secuaz, pero fueron unas cuantas. Físicamente,

Branson estaba en aquel despacho, pero mentalmente se hallaba a una considerable distancia. No tenía ni ganas de contar batallitas. De hecho, parafraseando a Groucho Marx, no sabía si yo existía o si le había sentado mal el almuerzo. La mitad de las preguntas que me había preparado quedaron sin plantearse. ¿Para qué? El Branson que a mí me interesaba ya no existía, así que me despedí amablemente del clon que había tenido el detalle de recibirme y me largué. Ni siquiera me tomé la molestia de sentirme ofendido.

Como ya he dicho, el cierre del Virgin Megastore barcelonés me afectó más por lo que significaba que por la desaparición en sí de una tienda concreta. Empezaban malos tiempos para los devotos del soporte físico para la música, para la última generación de adictos al *packaging*, para los actuales rockeros de la tercera edad. Me temo que el hecho de que haya un Zara donde hubo una tienda de discos es un signo de unos tiempos que ya no son los míos.

66

LA ADORABLE ISABEL NÚÑEZ

Las hermanas Núñez eran prácticamente una institución en la Barcelona juvenil de los años de la Transición. A día de hoy sigo sin saber cuántas eran con exactitud —yo diría que cuatro o cinco—, pero te las encontrabas en todas partes: bares, fiestas, conciertos, inauguraciones. Mi favorita era Isabel (Figueras, Gerona, 1957–Barcelona, 2012), lo más parecido a una *femme fatale* que uno hubiera visto en sus veintitantos años de vida. Tenía un físico antiguo, a medio camino entre una actriz del cine mudo y la modelo de algún cuadro prerrafaelita, y vestía de una manera tan personal como intemporal, frecuentemente de negro y con mucho lujo de bordados y brocados (nunca se apuntó a ninguna moda del momento, siempre se mantuvo fiel al aspecto que había decidido tener).

Guapa, lista, interesante, mantuvo romances con algunos amigos míos, pero a mí nunca me tocó el turno. Sé que me tenía cariño, pero no me veía muchas posibilidades en el mundo horizontal. Una noche, en Bocaccio y con la ayuda (es un decir) de una tajada monumental, me puse especialmente pesado a la hora de convencerla de que lo mejor que podía hacer esa velada era acostarse conmigo (todo ello ante la mirada pasmada de nuestro común amigo Agustín Tena, miembro destacado de la Movida Madrileña de visita en Barcelona, que no daba crédito a lo pelmazo y baboso que se estaba poniendo un servidor de ustedes). Teniendo en cuenta que soy el único que queda vivo de los tres, me podría haber ahorrado esta confesión bochornosa, pero dice mucho sobre el carácter de Isabel. Otra habría dejado de dirigirme la palabra después de tan torpe operación de acoso y derribo, y aún recuerdo la vergüenza que se apoderó de mí a la mañana siguiente cuando desperté en mi cama y recordé el ridículo de la víspera, pero Isabel nunca hizo el menor comentario al respecto y me siguió tratando con la amabilidad de costumbre.

Cuando ya nos había pasado la edad de tirarnos las noches en los bares, solíamos cruzarnos por el Ensanche y siempre intercambiábamos algunas palabras, ya fuese en el café más cercano, en el interior de una librería o en mitad de la calle. Se había casado (y divorciado). Tenía un hijo llamado Guillermo. Traducía del inglés (a Dorothy Parker, Patricia Highsmith o Richard Ford, entre otros), ejercía la crítica literaria en *La Vanguardia* y se había lanzado a escribir tras años dándole vueltas a la idea: *late bloomer*, publicó dos libros de relatos en 2006 y 2008; en 2009 escribió *Si un árbol cae. Conversaciones sobre la guerra de los Balcanes*, una serie de conversaciones con víctimas de Sarajevo y Kosovo que ponían los pelos de punta; dos años antes, emprendió una cruzada personal para salvar un árbol de la calle Marimon, llamado a desaparecer junto al edificio que lo albergaba, y consiguió salvarlo (los interesados en sus peripecias las encontrarán en *La plaza del azufaifo*, de 2008).

Isabel siempre transmitió cierta melancolía que le sentaba muy bien a su físico. No era una mujer triste, pero su inteligencia parecía recordarle constantemente que el mundo no era un sitio muy de fiar (o esa impresión tenía yo siempre que la veía), que las relaciones sentimentales son efímeras y que, pese a toda la literatura del universo, aquí no hay más cera que la que arde. Si Riccardo Cocciante le dedicó una canción a una *Bella sin alma* es porque no conoció a Isabel, prototipo ideal de la *Bella con alma*. Siempre pensé que la habían criado para ser guapa y pillar un buen marido y que ella se había salido por la tangente, sin acabar de tener muy claro si su bien amueblado cerebro era una bendición o una maldición. Me recordaba un poco a Daisy Buchanan, la novia de Jay Gatsby, pero con más agallas. El cáncer acabó con ella hace ocho años y Barcelona perdió a otro de esos seres excéntricos e interesantes que tanto proliferaban antes de la era Pujol: hay una placa en su memoria a la entrada de esa casa del azufaifo que logró salvar de la demolición.

67

NUNCA FUI A EL MOLINO

Jaume Perich me comentó en cierta ocasión la frase que le gustaría que se grabara en su tumba: «Nunca fue a Andorra». La mía podría ser «Nunca fue a El Molino». No hay otro rincón de mi ciudad en el que me haya esmerado tanto para no poner jamás los pies. Bueno, sí, la Bodega Bohemia, pero en ese caso fracasé —como ya les conté en un capítulo anterior de esta serie— porque una noche me pillaron las malas compañías con la guardia baja y acabé visitando aquel templo del horror, la humillación y la insania. Y no crean ustedes que era fácil resistirse en los años setenta, cuando visitaba esporádicamente la Facultad de Periodismo de Bellaterra, a la insistencia de los amigos progres que habían descubierto El Molino y lo reivindicaban de manera irónica como gran fuente de diversión.

El célebre local del Paralelo nació en 1898 con el bonito nombre de La Pajarera Catalana, siendo entonces un tugurio infame. En 1910 se convirtió en Le Petit Moulin Rouge. En 1916 ascendió a Le Moulin Rouge. En 1939, como Franco no estaba para extranjerismos, tradujo su nombre y se desprendió del adjetivo «rojo», que al Caudillo le olía a azufre. Chapó en 1997, se relanzó en 2010 y que me aspen si sé si está abierto o no en estos tiempos que corren.

Cuentan que lo han reformado de arriba abajo y que el genuino Molino la diñó en 1997 con la última actuación estelar de Merche Mar, vedete voluntariosa, aunque algo apolillada, que mantenía ella sola en marcha a toda la industria de la laca. O sea, que doy por muerto el local que me horripilaba sin haberlo visitado jamás (también hay neoyorquinos que nunca han subido a la terraza del Empire State Building, ¿no?) y recuerdo cómo me escabullía cada vez que un compañero de la facultad proponía una visita conjunta de la alegre muchachada a ese emporio de la risa y la diversión.

¿Por qué le tenía yo tanta manía a El Molino? Me temo que las noticias que me llegaban de él eran siniestras: bastaba con ver por la tele a cualquiera de sus humoristas siniestros o de sus vedetes rancias para atisbar un cutrerío y una decadencia muy chunga, nada que ver, por ejemplo, con los garitos berlineses de la República de Weimar. Además, me habían contado que los, digamos, artistas tenían la mala costumbre de interactuar con el público, y yo estaba convencido de que, si iba a El Molino, el gracioso o la vedete de turno me elegirían entre la masa para torturarme, pues tengo un imán para esa clase de situaciones (lo comprobé la jornada fatídica en que me dejé convencer para asistir a un espectáculo de los tenebrosos Comediants).

El abuelo senil de una amiga tenía la costumbre de burlar la vigilancia de la familia y plantarse en El Molino a engrosar la conocida como «fila de los *figueros*» (del catalán *figa*, o sea, higo, o sea, coño), aguerridos carcamales que se situaban en una posición privilegiada para asistir al levantamiento de piernas de las vedetes y el posible avistamiento de entrepiernas. Todo lo relativo a El Molino me deprimía, y me resistía a colaborar en su reivindicación.

Pasó el tiempo y me mantuve en mis trece. Creo que ya puedo ir encargando la placa para mi lápida. Cuando se me mete algo en la cabeza, hago todo lo posible por conseguirlo. Que me perdonen todos los que encontraron alegría, diversión y cachondeo del bueno en ese templo del Paralelo, así como los humoristas y las vedetes que intentaron hacer las cosas lo mejor posible, pero, aunque me voy acercando a la edad en que el abuelo de mi amiga militaba en la fila de los *figueros*, sigo sin pensar en acercarme a ese local que ya no sé muy bien si existe o no.

68

ROSA MARIA, UNA GRAN CHICA

La conocí tarde, cuando ya se sabía condenada por el cáncer que se la acabaría llevando por delante, pero surgió un afecto mutuo inmediato. Me la presentó Isabel Coixet y se sumó alegremente a una especie de familia disfuncional en torno a la cineasta compuesta por gente como Alfonso de Vilallonga, Emma Riverola, Luis Mauri o un servidor de ustedes. Solía referirse a nosotros como «mi nueva pandilla de amiguitos», tal vez porque los de los viejos tiempos habían muerto, como Terenci Moix, sufrían un Alzheimer devastador, como Papitu Benet i Jornet, o se habían alejado de ella porque sus opiniones sobre la farsa del *prusés* les incomodaban y preferían no dejarse ver en su subversiva compañía.

Aunque pasaba de los 70 cuando la conocí, Rosa Maria siempre me llamó la atención por un temperamento juvenil que se resistía a adoptar la actitud supuestamente solemne que se espera de una mujer mayor y gravemente enferma. Cuando no se encontraba bien, simplemente no se dejaba ver. Cuando estaba más animada, era siempre el alma de la fiesta —nunca dejaba de actuar, en el buen sentido del término, por el bien de la audiencia, aunque fuese doméstica—, capaz de pasar de la risa al llanto en la misma frase y absolutamente consciente de que se le acababa el tiempo y la mejor manera de emplearlo era riéndose y haciendo reír, que es lo que llevaba toda la vida haciendo (era también una gran actriz dramática, pero como cómica no tenía precio). Escucharle contar anécdotas era una historia oral del cine español, pues había conocido a todo el mundo, de Fernán Gómez a Berlanga pasando por López Vázquez o Sazatornil. Le gustaba recordar la frase con que le daba la bienvenida al rodaje Luis Escobar, el inolvidable marqués de Leguineche de *La escopeta nacional*: «¡Ya está aquí la alegría de España!». Berlanga, por su parte, solía referirse a ella como «la niña».

Sus últimos tiempos, los años del cáncer, se encargaron de amargárselos un poco más esos *lazis* a los que tanto despreciaba. Los más miserables celebraron su muerte en las redes con epitafios como «Una unionista menos» o «Se ha muerto la gran *botiflera*» o «No sabía que hoy era san Martín». No le perdonaban que pensara por su cuenta, que su voz se hiciese oír entre los balidos de la borregada, que hubiese devuelto la Creu de Sant Jordi porque no quería saber nada de una institución dedicada en exclusiva a sembrar el odio y la discordia. Hace falta ser muy mezquino para escupir sobre la tumba de alguien, pero ¿no es todo el *prusés* una inmensa muestra de mezquindad? En TV3 la enterraron con cierto respeto, pero sin alharacas ni sobreactuaciones de ningún tipo, conscientes de que la difunta no era de los suyos y le caía mal a la mayoría de sus espectadores.

Me hubiese gustado conocerla antes porque la vida con Rosa Maria era mejor que la vida sin ella, pero aproveché lo mejor que supe los años que pude disfrutar de su compañía, de su calidez, de su incombustible sentido del humor, de su capacidad para reírse de todo, empezando por sí misma. La última vez que la vi fue en su casa, cuando agasajó a «mi nueva pandilla de amiguitos» con el fricandó más bueno que he probado en mi vida. La vi tan animada que tuve la impresión de que iba a durar muchos años más de los previstos. Me equivoqué, lamentablemente.

69

LA DOBLE MUERTE DEL CAPITOL

El propietario del teatro Capitol, en la parte superior de La Rambla, no quiso renovar el alquiler a los cómicos y el local chapó: supongo que pronto veremos en su lugar una sede de Mango, H&M o Yamamay, que es lo que se impone ahora en Barcelona. Es la segunda vez que palma el Capitol, ahora como teatro; su primera muerte tuvo lugar en 1990 como cine, que es cuando realmente era una presencia icónica en La Rambla. Si volvías de viaje y querías asegurarte de que todo seguía en su sitio en tu ciudad, te bastaba con acercarte al Capitol y plantarte unos segundos ante su fachada, siempre decorada de manera llamativa (¿digamos chillona?) con motivos relacionados con las películas de acción que constituían su especialidad. Por eso se ganó a principios de los años treinta el sobrenombre de Can Pistolas.

El cine Capitol se inauguró el 23 de septiembre de 1926 con un bonito programa doble compuesto por *Los parásitos* y *Dick, el guardiamarina*. Nada sé de la primera, pero la segunda estaba protagonizada por el galán mexicano del cine mudo instalado en Hollywood Ramón Novarro, un competidor de Rudolfo Valentino que, ya de mayor, terminó asesinado en un turbio encuentro homosexual que acabó fatal. La deriva hacia las películas de tiros fue rápida, pues en la década de los treinta ya era Can Pistolas para todo el mundo. Sus decoraciones de la fachada eran las más espectaculares de la ciudad y entre los responsables de ellas se colaba de vez en cuando algún artista de verdad, como fue el caso de Antoni Clavé entre 1932 y 1935.

Lo que perdió rápidamente fue el *glamour* original, convirtiéndose rápidamente en una sala popular, tirando a populachera, cuya clientela podía llegar a ser un tanto especial. Mi padre me contó un día que en cierta visita al Capitol le tocó al lado un sujeto que hablaba con la pantalla y que estaba totalmente metido en la historia que desde ella se le explicaba. Cuando el protagonista se liaba a tortazos con los malos, el hombre boxeaba con el aire que tenía delante (sin llegar jamás, todo hay que decirlo, a golpear la cocorota del espectador de delante). Si alguien se acercaba al héroe con aviesas intenciones, este individuo lo avisaba a gritos de la amenaza que se cernía sobre él. Creo que mi padre no volvió a pisar en su vida el cine Capitol, y no seré yo quien se lo reproche. En realidad, a mí, Can Pistolas me gustaba por fuera. Sus lamentables programas dobles me daban lo mismo, pero había algo en su presencia que formaba parte de la que ahora es mi Barcelona fantasma.

Cuando se convirtió en teatro en 1990, para mí fue como si lo hubiesen chapado. Adiós a las marquesinas rutilantes y al aire deliciosamente tronado de la fachada. Ahora era un teatro, algo serio, no Can Pistolas, aunque se especializara en la comedia y los monólogos. Lo inauguró La Cubana con *Cómeme el coco, negro*, y Pepe Rubianes lo convirtió en su segunda casa: de la misma manera que los Doors decían que les encantaría tocar en el Whisky a Go Go de Los Ángeles si algún día lo abandonaba Johnny Rivers, cualquier humorista podría haber dicho algo parecido con respecto a Rubianes, un tipo muy simpático cuyos monólogos, lamentablemente, nunca me hicieron la menor gracia.

La segunda muerte del Capitol me resulta mucho menos dolorosa que la primera. Y con respecto a esa primera muerte, me hubiese conformado con que hubieran conservado la fachada —recuperando alguna obra de Clavé, a ser posible—, aunque detrás hubiese un Zara o una tienda de Levi's. Una fachada anacrónica en La Rambla, sin correspondencia alguna con el interior, hubiese sido una jugada conceptual que muchos hubiésemos agradecido.

70

CATALUNYA EXPRESS

Fue mi primer trabajo como aspirante a periodista, y lo conseguí en condición de plato de segunda mesa. Mi compañero de curso Llàtzer Moix se dio la vuelta una tarde en su pupitre y se topó conmigo y nuestra común amiga Rosa Masip, a quien se dirigió preguntándole si le gustaría hacer unas prácticas remuneradas en el diario en el que él ya se había colocado, *Catalunya Express* (periódico popular y populachero en plan tabloide británico, pariente pobre del *Mundo Diario* en el que aspiraban a escribir todos mis amigos del PSUC y último invento del magnate Sebastián Auger, quien tras no lograr situarse todo lo bien que quería en el franquismo, aspiraba a ello en la incipiente Transición democrática). Rosa le dijo a Moix que no podía, que se iba a Grecia, y la mirada estoica de nuestro amigo se volvió en mi dirección, como si no tuviera más remedio. Yo acepté encantado y aquel verano (calculo que del 77) me estrené en el oficio. Creí que haría feliz a mi padre con la noticia, pero, una vez más, me volví a equivocar. «¡Pero si es un diario de comunistas!», me espetó cuando le informé, orgulloso, de que había conseguido mi primer trabajo. Yo le dije que sí, pero menos, que los comunistas de verdad eran los de *Mundo Diario* (en aquella época, Auger paseaba a Carrillo en su yate por el Mediterráneo y colgaba una *senyera* que iba de extremo a extremo de su rascacielos en L'Hospitalet), pero siguió enfurruñado unos días: ya empezaba a intuir que le había salido rana, aunque los comunistas siempre me han dado casi tanto asco como a él.

Como era un diario vespertino, se madrugaba y se salía pronto, lo que nos dejaba a Moix y a mí un montón de horas diarias para hacer el ganso en su Volkswagen escarabajo y pillarla en Zeleste y demás tugurios de la época. Cuando llegaba a la redacción lo que más me gustaba era encontrarme al cronista nocturno, Julián Peiró (responsable de la *fantabulosa* sección «La noche de anoche») dormido sobre la máquina de escribir y con el artículo a medias (un día, un gracioso lo despertó pulsando la tecla que ponía el carro en movimiento y al pobre Peiró le fueron a parar las gafas al quinto pino). La sección de sucesos funcionaba a todo gas, y Moix y yo metimos a ilustrarla a nuestro amigo Martí, que luego crearía *Taxista* para *El Víbora*, pero lo acabaron echando por entregar cuando le salía de las narices o, directamente, nunca. La política local giraba en torno a las aventuras de Tarradellas, pero solía haber más presencia de La Maña y demás figuras de El Molino, así como de estrellas de los incipientes espectáculos eróticos (nunca entendí la obsesión de Peiró por Ludovic & Sebastien, dúo gay que se aliviaba en público, de manera muy artística, en no sé qué local de entonces).

Un buen día, Auger nos envió a su heredero, un chaval llamado Sebas, de 13 o 14 años, que no hablaba ni una palabra de catalán. Todos los que odiaban a su padre, que eran muchos, se lo hicieron pagar al pobre chaval, que no tenía la culpa de ser el hijo de semejante trepa. Todos menos yo, que, en un alarde de nobleza del que aún me sorprendo, me empeñé en tratarle como a un ser humano. Me lo agradeció muchos años después, en la barra del Zig Zag, ya en su condición de abogado bebido, y aprovechó para ciscarse en su progenitor, que los había dejado tirados a él y a su madre cuando vinieron mal dadas y tuvo que desaparecer dejando pufos a diestra y siniestra.

¿Y qué hice yo en *Catalunya Express*? Pues algunos reportajes —recuerdo una visita al Maresme para hablar con los negros explotados por los nobles *payeses* catalanes—, algunas entrevistas, algunos delirios y las cartas al director: no llegaba ninguna y había que inventárselas, y hasta conseguí crear alguna absurda polémica (real o llevándome la contraria a mí mismo). Más desastroso fue mi paso por la sección de crucigramas, pues me hice un lío y me equivoqué varios días seguidos al publicar las soluciones del crucigrama anterior: me temo que nadie lo rellenaba, pues la metedura de pata pasó inadvertida.

Catalunya Express murió en enero de 1980, cuando yo ya estaba en el *underground*. Moix pasó a *El Correo Catalán* y de ahí a *La Vanguardia*, donde sigue a día de hoy. Rosa volvió varias veces a Grecia, vivió en Nueva York y en Managua y acabó jubilándose en TVE. Yo hice lo que pude, pero eso ya lo saben. En cuanto al *Catalunya Express*, lo mejor que puedo decir de aquella entretenida birria era que, comparada con el *Daily Mail* o el *Bild Zeitung*, parecía prácticamente *Le Monde*.

71

¡ES QUE ESTO ES STUDIO ONO!

En la historia reciente del quiero y no puedo nocturno barcelonés, yo diría que brilla con luz propia la difunta discoteca Studio Ono (Calle del Pino, 11, en el Barrio Gótico), inaugurada el 4 de diciembre de 1979 y chapada que me aspen si sé cuándo, aunque intuyo que coincidió con la apertura en el Paralelo de Studio 54, que no tenía nada que ver con el mítico antro neoyorquino de Steve Rubbell más allá del nombre, algo que se podía adquirir aforando unos *monises*. De hecho, el Studio 54 original fue también el modelo en el que quiso inspirarse Studio Ono, aunque por Barcelona no se dejaran ver mucho ni Bianca Jagger, ni Truman Capote ni Andy Warhol: gañanes con pretensiones, eso sí, los que quieras, que en esta ciudad siempre los hemos tenido a granel.

Si recuerdo Studio Ono es porque las pocas veces que lo visité fue cocido y, por regla general, en contra de mi voluntad, aunque uno de sus responsables, ya fallecido, era un tipo muy simpático llamado Alex Bruguera al que yo había conocido en el Salón Cibeles, cuando ejercía de novio de la voluptuosa hija del cantante cubano Raúl del Castillo. Curiosamente, no recuerdo haberme cruzado jamás con Alex en su local, pero sí con gente que me sacaba ligeramente de quicio. Según mi amigo Xavier Agulló, allí se follaba por los rincones, como en el Studio 54 de Manhattan, pero yo nunca me enteré de nada: bastante hacía encajando aquella música mala que sonaba a un volumen estruendoso y soportando la agresión visual y cromática de la manada de mamarrachos con pretensiones que inundaban el local.

Recuerdo a *gogós* exhibicionistas —casi todos espontáneos y casi siempre los mismos, gente a la que le daba por encaramarse a una escalera o a una bola a pegar berridos y lucir maquillajes entre Weimar y el mero ridículo—, y a un anticuario gay (valga la redundancia) que solía ir acompañado por una chica con sobrepeso y clamaba «¡Marcha, marcha!» como si en esa palabra repetida y gritada estuviera el sentido de la vida (lo asesinaron años después en un encuentro erótico que acabó como el rosario de la aurora; de la gorda no volví a saber nada), y a una preciosa chica negra y lesbiana que siempre intentaba ligarse a una amiga que solía estar presente las noches que yo acababa en Studio Ono: una vez le pedí amablemente que se fuese a la mierda —aunque mi amiga siempre se mostraba muy halagada ante sus atenciones— y me llamó homófobo, tras aconsejarme que me metiera en mis asuntos (tampoco volví a saber nada de ella).

Durante un tiempo, mal que me pese reconocerlo, Studio Ono fue lo más de la noche barcelonesa. Si yo nunca le vi la gracia, supongo que es culpa mía. Tampoco sé explicar muy bien por qué me daba tanta grima: a fin de cuentas, solo era una discoteca para dipsómanos renuentes a irse a dormir, categoría de la que yo formaba parte en aquella época, pero el sitio me daba risa, por una parte, gracias a todos aquellos esnobs que se creían los amos de la noche de Manhattan, y mal rollo por otra. No se podía hablar porque no se oía nada a excepción del mantra del anticuario. Solo se podía beber, drogarse y bailar (y repeler los ataques de la negra sáfica). Una noche, cuando me iba, asistí a una escena de esas ante las que no sabes si reír o llorar. En Studio Ono les gustaba hacerse los exclusivos y tenían un portero que discriminaba en la puerta y decidía quién tenía derecho a entrar y quién no: si tenemos en cuenta que a mí siempre me dejó pasar, pese a mi insistencia en calzar bambas, llegaremos a la conclusión de que su criterio dejaba bastante que desear. Aparte de eso, su aspecto de matón cadavérico con mostacho lo incapacitaba para opinar sobre la pinta de los aspirantes a cliente: si apareciese su *dopppelganger*, le habría impedido el paso de todas, todas.

Mientras me iba, una pareja insistía en que el bigotón los dejara entrar, pero no había manera. Los pobres no eran muy *trendy* que digamos, pero tenían mejor aspecto que el portero (de hecho, cualquier *homeless* de callejón tenía mejor pinta que el cancerbero pretencioso), lo cual no ablandaba a este, que se mantenía impasible en su negativa a permitirles el acceso a aquel templo de la modernidad, la decadencia y, según el amigo Agulló, ese despiporre sexual por los rincones que yo no detecté jamás. «¿Pero por qué, por qué?», clamó finalmente la pobre chica. «Señora», repuso el portero, convencido de su razonamiento inapelable, «¡es que esto es Studio Ono!».

¿Y qué coño era Studio Ono? Nada. Menos que cero. Tampoco sé qué fue del portero implacable.

72

SIN NOTICIAS DEL TRANVÍA AZUL

Me gustaba mucho el tranvía azul que unía la plaza Kennedy con la del doctor Andreu, de donde salía el funicular que, si no recuerdo mal, te llevaba al parque de atracciones del Tibidabo (¿o era a Vallvidrera?). Ignoro si ese funicular sigue en funcionamiento, pero este medio de transporte lleva inactivo desde enero de 2018, cuando realizó su último trayecto antes de someterse a una completa revisión por parte del ayuntamiento, revisión de la que nunca más se supo. En teoría, tenía que licitarse la gestión del célebre tranvía hacia marzo de 2019, pero la cosa se retrasó, se nos vino encima el coronavirus, el dinero previsto para la reforma de las vías, del aparato y de la propia avenida del Tibidado por el que circulaba el ingenio mecánico no apareció por ninguna parte y, en estos momentos, el tranvía azul es otro glorioso cadáver de la historia de Barcelona. Puede que resucite algún día, pero su regreso triunfal no parece estar muy alto en la lista de prioridades de la administración de Colau.

El tranvía azul —que al principio era de color verde y solo se convirtió en azul en 1945, tras un accidente— se inauguró en 1901, cuando en la avenida del Tibidado tenían sus segundas residencias algunas familias notables de Barcelona (con el tiempo, todas esas mansiones acabaron convertidas, nunca supe muy bien por qué, en agencias de publicidad). El recorrido siempre fue breve: los 1.276 metros que separaban la estación de metro del Tibidabo del pie del funicular. Caso de que no pensaras coger el funicular de marras, la plaza ofrecía en mi juventud un restaurante —La Venta, creado en 1975— y un bar de copas —el Merbeyé, fundado en 1977—. De noche, podías empalmar la cena en La Venta con la torrija en el Merbeyé, que fue el bar en el que halló la inspiración mi amigo Sabino Méndez para escribirle a Loquillo su «Cadillac solitario».

A La Venta acudían varios notables de la modernidad barce-lonesa de cuando la Transición: yo recuerdo haberlo visitado con el editor de *Star*, Juan José Fernández, con el entrañable y diver-tido cantamañanas Manel Valls y con gloriosos difuntos como Pepón Coromina o Bigas Luna. El sitio era agradable, *moderni-qui* (el menú estaba diseñado por el dibujante holandés de línea clara Joost Swarte) e ideal para ver y dejarse ver, pero la comida nunca me pareció nada del otro jueves. Afortunadamente, como en esa época me interesaba más el bebercio que el condumio, en el Merbeyé me encontraba muy a gusto: pillarla con unas vistas tan estupendas sobre tu propia ciudad era una experiencia muy satisfactoria.

El único problema del Merbeyé era la falta de plazas de aparca-miento, circunstancia que te obligaba a dejar el trasto donde bue-namente podías y confiar (inútilmente) en que la Guardia Urbana hiciera la vista gorda, algo que no hizo jamás: muy al contrario (en aquella época, no sé ahora, cada guindilla se llevaba un por-centaje de las multas que ponía), la Urbana aparecía cada noche por el Merbeyé a ponerse las botas a base de multazos. Eran tan conscientes los guripas de que los coches no molestaban a nadie y de que su supuesto mantenimiento de la ley era en realidad una bonita y sencilla manera de hacerse con un sobresueldo que hasta te podías poner farruco con ellos sin que te pasara nada. Solo una vez estuvimos a punto de acabar en el cuartelillo porque una amiga, al comprobar cuando nos íbamos que le estaban poniendo una multa, clamó: «¡¿Seréis hijos de puta?!». Comentario que no sentó muy bien a los *pitufos* municipales, pero que tampoco los llevó a hacérnoslo pagar. De hecho, se fueron inmediatamente después de multarnos; según mi deslenguada amiga, porque tendrían que ir a extorsionar a algún camello o a alguna furcia en el otro extremo de la ciudad (puede que sea injusto pero, en Barcelona, la Guardia Urbana siempre ha tenido muy mala fama).

Aunque no fuese a comer a La Venta ni a beber al Merbeyé, tomé muchas veces el tranvía azul por el mero placer del trayecto. Era un poco como el *ferry* que une Manhattan con Staten Island, cuyo recorrido por el Hudson es magnífico, pero cuando llegas a tu destino resulta que es una birria trufada de bomberos y policías de la que los únicos personajes interesantes salidos de allí han sido The New York Dolls. Tras fumar un par de cigarrillos y tomarte una copa, volvías a subirte al tranvía y regresabas a Barcelona, por así decir. Sí, eras consciente de que el cacharro en cuestión era un anacronismo, pero lo disfrutabas enormemente: hay algo especialmente acogedor en los vehículos de madera que te hace pensar en cabañas en movimiento, como aquellas rancheras estadounidenses de los años cincuenta que parecían hogares rústicos sobre ruedas.

La Venta y el Merbeyé siguen en activo, aunque para mí murieron poco antes de los Juegos Olímpicos del 92. Aunque estén vivos, no puedo evitar considerarlos sendos cadáveres, difusas sombras de mi Barcelona fantasma, lugares en los que no he vuelto a poner los pies desde hace tanto tiempo que es como si hubiesen dejado de existir. No sé si habrá mejorado el papeo en La Venta. Como ya no bebo, la posibilidad de emborracharme en el Merbeyé mirando mi ciudad desde lo alto mientras canturreo «Cadillac solitario» no la contemplo. Seguiría subiéndome al tranvía azul sin motivo aparente, pero no está en activo y algo me dice que, si depende del actual equipo de Gobierno municipal, nunca volverá a estarlo.

Como todo anacronismo que se precie, no cumplía ninguna función digna de la contemporaneidad, pero eso es lo que se espera de los anacronismos, ¿no? Sobre todo, si son tan bonitos y evocadores como el tranvía azul, que siempre tuvo la habilidad de ponerme de buen humor: a falta de una casita pequeñita en Canadá (como aquella de la que hablaba Elder Barber), algunos pudimos disfrutar durante años de un artefacto de madera que no te llevaba a ninguna parte, pero te daba lo mismo.

Tengo la mala impresión de que, si el tranvía azul vuelve, lo hará remozado de la peor manera posible. Y, una vez más en esta ciudad, la expresión renovarse o morir se convertirá en renovarse y morir.

73

MALOS TIEMPOS PARA LA CINEFILIA

Entre muchas otras cosas, el coronavirus se llevó por delante los cines Méliès (Villarroel, 102), propiedad del cineasta y, sobre todo, cinéfilo Carles Balagué (Barcelona, 1949), un hombre que se había fabricado dos salas para proyectar las películas que le gustaban a él y a la gente como él. Los Méliès tenían mucho de refugio, de *shelter from the storm*, que diría Bob Dylan, así como de anacronismo escasamente rentable en el que se encontraban muy a gusto todos aquellos aficionados al cine que, día a día, se iban sintiendo cada vez más expulsados de lo que más felices les había hecho en toda su existencia, gente que ya no reconocía en el cine actual lo que les había hecho enamorarse de él en la infancia. Los Méliès se inauguraron el 20 de diciembre de 1996 con un clásico de Billy Wilder, *El gran carnaval*, muy adecuado, por otra parte, para una época en la que el periodismo bulle de patéticos émulos del personaje sin escrúpulos al que daba vida Kirk Douglas en la que es una de sus mejores interpretaciones.

A los Méliès se iba a ver películas antiguas y modernas (con predominio de las primeras) en versión original. Y a nada más. Balagué se negó desde un principio a vender refrescos y palomitas, aunque constituyan actualmente una nada desdeñable fuente de ingresos para las salas. Le sacaban de quicio, como él mismo reconoció, el olor de las malditas palomitas y el ruido de la gente al masticarlas: su cine era su iglesia y a la iglesia no va uno a comerse un bocadillo mientras hace como que escucha el sermón del mosén. Si los Méliès no fueron siempre deficitarios, poco les debió faltar, pero aquellas dos salas eran para su creador algo más que dos pantallas en las que proyectar admirables antiguallas: eran un *labour of love*, que dicen los anglos, un acto de amor hacia lo que para el señor Balagué tenía que ser el cine.

Dicen que nunca se llevó muy bien con el propietario del local. Y las desgracias se cebaron con él: en los Méliès hubo un incendio, una inundación y hasta se produjo la caída del techo de la sala 2, como si la realidad no dejara de insinuarle a nuestro hombre que se fuera con su celuloide rancio y subtitulado a otra parte. Su vida de cineasta tampoco había sido precisamente un largo río tranquilo: rodó nueve largometrajes que le costó Dios y ayuda levantar —recuerdo especialmente el *thriller* con título de canción de Buddy Holly *El amor es extraño* (1989), escrito por Marcos Ordóñez— y en sus últimos tiempos como director, que terminaron en 2010, se especializó en documentales, siempre más baratos y (algo) menos complicados de armar que los productos de ficción: mi favorito, y el de casi todo el mundo que se tomó la molestia de verlo, es *La casita blanca: la ciudad oculta* (2002), sobre el mítico *meublé* del barrio barcelonés de Vallcarca, ya desaparecido, aunque también estaba muy bien *Arropiero, el vagabundo de la muerte* (2008), sobre el célebre asesino lumpen que atendía por ese seudónimo. Balagué también escribió algunos libros sobre cine: destacaré sus ensayos sobre François Truffaut y Martin Scorsese.

La vida no se ha portado muy bien ni con el Balagué cineasta ni con el Balagué cinéfilo. Me acuso de no haber ido con más frecuencia a los Méliès, cosa que achaco a la pereza y a que su localización siempre me cayó ligeramente a trasmano, pero recuerdo haber disfrutado cada visita. Creo que la última vez que estuve en los Méliès echaban *Los viajes de Sullivan*, de Preston Sturges. Me acompañaba una novia que no me duró gran cosa y que, a la salida, me espetó que la película se le había antojado bastante machista: debería haberme dado cuenta en aquel momento de que lo nuestro no tenía mucho futuro. Los Méliès cerraron definitivamente sus puertas en julio de 2020 y muchos seres entrañables y marginales se quedaron sin su refugio de la tormenta. Entre ellos, especialmente, el amigo Balagué, de quien siempre tuve la impresión de que se encontraba más a gusto en sus cines que en su propia casa.

74

EL FOTÓGRAFO DE MI CIUDAD

Ahora que mis delitos ya han prescrito, puedo confesar que, durante una época, a principios de los años setenta, cuando iba a la facultad de Periodismo de Bellaterra (digo que iba, no que aprendiera nada útil, y cada vez con menor frecuencia a lo largo de la, digamos, carrera), cogí la mala costumbre de robar libros en el ya desaparecido Drugstore del paseo de Gracia. Era un delito común entre amigos y conocidos, pero mi carrera criminal duró muy poco, pues al miedo a que me pillaran se unían ciertos escrúpulos morales de los que se burlaban mis compadres más encallecidos. Uno de los pocos libros que sustraje durante mi breve experiencia delictiva fue *Últimas tardes con Teresa* (1966), del gran Juan Marsé (Barcelona, 1933–2020). Me gustó mucho, aún conservo el ejemplar y hasta participé en la adaptación cinematográfica de 1984, dirigida por Gonzalo Herralde y producida por Pepón Coromina. En su momento pensé que era mi primer paso como guionista cinematográfico y que ahí había encontrado un filón profesional, pero en realidad no fue más que un favor que me hicieron dos amigos, Gonzalo y Pepón, sin que Marsé me vetara (aunque me consta que manifestó ciertas dudas acerca de que un pardillo de 27 años pudiera entender realmente el mundo que se retrataba en su novela).

Aunque no cayeron más encargos después de aquel (y mi participación en el guion fue mínima), aún recuerdo emocionado las tardes que pasé con Gonzalo en casa de Marsé, que solía recibirnos ataviado con una camiseta imperio y un pantalón de pijama y observarnos con cara de estar dudando seriamente de haber caído en las mejores manos posibles. Yo, en mi condición de mindundi, intentaba caerle bien, como siempre he hecho con las personas que admiro, y él bastante hacía soportándome y nutriéndome de cervezas (el pobre Gonzalo pagó en sus carnes el hecho de que yo descubriera sobre la marcha que una secuencia es una unidad de tiempo y de lugar). A veces, aparecía Joaquina, la mujer del escritor, pero por regla general se hacía oír a un volumen notable desde algún rincón de la casa. Para mí, todo aquello era un sueño: un pringado como yo, echando las tardes con un director joven y ya reputado y con un novelista buenísimo que me había ayudado a entender mejor mi propia ciudad.

Mentiría si dijese que trabé una gran amistad con Marsé, pero siempre se mostró cordial conmigo cuando me lo fui cruzando por diferentes lugares a lo largo de los años. Decía un amigo mío que Marsé, en las fiestas, no parecía un invitado como los demás, sino el fontanero que había venido a hacer una chapuza en la casa y luego se había colado en el jolgorio para beber gratis y mirar a las posibles tías buenas que hubiera por allí. El comentario no era en absoluto despectivo y se basaba en la habitual pinta de desplazado que lucía el escritor en tales circunstancias, con la mirada enfocada hacia el suelo, las manos en los bolsillos y una actitud general que te permitía intuir que tal vez preferiría estar en su casa, con la camiseta imperio y el pantalón del pijama. En un mundo de pavos reales y sobraos como el de la literatura, Marsé se movía con una normalidad, una bonhomía y una lúcida actitud de intruso (aunque fuese mucho mejor que la mayoría de colegas a los

que saludaba): era verlo y venirte a la cabeza la célebre canción
«Stranger in Paradise». Aunque la fiesta de turno nada tuviera
que ver con el paraíso y el extraño fuese, en el fondo, el tipo más
normal y mentalmente más sano del improvisado cónclave.

Cuando Marsé murió, hacía años que la ciudad de la que hablaba en sus libros había desaparecido. Fue como si el carpintero
falleciera no sin antes haber desmontado sus propios decorados.
Como todas las personas decentes que mueren últimamente en
Barcelona, tuvo que aguantar (aunque ya no se enterara de nada)
los comentarios mezquinos de algunos *lazis* estúpidos y llenos de
odio que, desde Twitter, le afeaban la conducta por haber escrito
toda su obra en la lengua del enemigo. Previamente, le sucedió
algo parecido a Rosa María Sardà, otro estupendo ser humano. Y
le sucederá al próximo fiambre glorioso que no comulgara en vida
con las chorradas de los independentistas: esta es la Cataluña que
empezamos a fabricar en 1980 con Jordi Pujol. Y los insultos a los
difuntos, meros gajes del oficio de la decencia.

Y ahora que lo pienso, nunca me atreví a confesarle al gran
Marsé que me había leído *Últimas tardes con Teresa* gratis total.
Ni que me colé en su adaptación cinematográfica sin haber tenido
el detalle de aportar ni un céntimo a sus derechos de autor. Qué
vergüenza, Dios mío. Menos mal que yo, en el fondo, no estaba
hecho para el mundo del crimen.

75

TINTÍN Y LA TÍA CONCHITA

Cuenta la leyenda que, hace muchos años, tras una cena celebrada en el marco de la Feria del Libro Infantil de Bolonia, el dibujante belga Georges Remi, en arte Hergé, sacó a bailar a una jovencita barcelonesa llamada Concepción Zendrera, y que a esta le bastó con un baile para convencer al artista de que publicara las aventuras de Tintín en España a través de la editorial Juventud, que pertenecía a su familia. Es más, ella misma se encargaría de traducirlas al castellano.

Casi todos los de mi generación conocimos, pues, la impresionante obra de Hergé en la traducción de la señorita Zendrera, que se nos ha quedado grabada en las meninges para los restos. Fue ella quien convirtió a los torpes detectives Dupont y Dupond en Hernández y Fernández y en Silvestre Tornasol al profesor Tournesol. Fue ella quién dio con los mejores equivalentes posibles para los absurdos e incomprensibles insultos del capitán Haddock, ese entrañable dipsómano. Fue ella quien tradujo esa aria de las joyas del *Fausto* de Gounod que Bianca Castafiore, el ruiseñor milanés, solía lanzarse a cantar sin venir muy a cuento. Fue ella, finalmente, la que confirió a las aventuras de Tintín, ese periodista que jamás escribió un artículo, un tono doméstico, como de ama de casa que sabe francés, que a menudo te daba la impresión de que los álbumes los podría haber traducido tu propia madre caso de haber estudiado la lengua de Molière y Proust.

Para mí, Concepción Zendrera era una señora muy importante —también se había encargado de que Juventud editara entre nosotros las novelas de *El Club de los Cinco*, de la escritora británica Enid Blyton, que se reparte al cincuenta por ciento con Hergé mis primeras alegrías lectoras—, pero para su familia solo era la tía Conchita. Como tal me la presentaron una tarde, durante una fiesta que se celebraba en la casa familiar de Cadaqués. Recuerdo que me puse tan nervioso como si estuvieran a punto de presentarme a Marianne Faithfull o a Françoise Hardy, y creo que no le dije más que tonterías y banalidades a la buena señora, dejándole bien claro, eso sí, lo mucho que había contribuido a mi felicidad como lector durante los ya lejanos años sesenta. ¡Y mucho más allá! Recuerdo que intenté volver a Enid Blyton cuando ya no me tocaba por edad y que la experiencia fue muy triste —casi un niño y ya experimentaba la nostalgia de haber dejado de serlo—, pero el eterno retorno a Hergé nunca me defraudó: el célebre eslogan era cierto («para lectores de 7 a 77 años»).

Creo que le dije a la tía Conchita que sin ella no habríamos podido sacar la revista *Cairo* a principios de los ochenta, y aunque me dio la impresión de que no sabía de qué le hablaba, se mostró amable y sonriente antes de librarse de mí e intentar averiguar, intuyo, qué miembro de su querida familia había tenido la peregrina idea de invitar al sarao a un pelmazo de mi calibre.

La tía Conchita se nos murió a los cien años en tiempos del coronavirus, pero sus traducciones de Tintín siguen al alcance de los lectores españoles. Me temo que estos cada vez son menos, entre los niños que pasan de Hergé porque prefieren los tebeos japoneses y los lectores de la primera hornada que cada día estamos más viejos o, directamente, la vamos diñando. Pero los álbumes de

Tintín siguen en las librerías, han hecho felices a miles de ciudadanos de este país y no es del todo descartable que llamen la atención de unos cuantos niños excéntricos a los que les den por saco
Shin Chan y Bola de Dragón. Y todo se lo debemos a la difunta tía
Conchita, la joven barcelonesa que, según cuenta la leyenda, convenció a Hergé durante un simple baile de que sus libros podrían
funcionar muy bien en España.

76

ESTILO Y ORIGINALIDAD
(PARA QUIEN LOS PUEDA PAGAR)

Cuando cerró Vinçon en 2015 y fue sustituido por una megatienda de Massimo Dutti, la Barcelona elegante y moderna se entregó a uno de esos autos sacramentales que tanto le gustan en los que se mezclan la nostalgia, la autoflagelación y el señoritismo: nuestro Vinçon, esa joya de la corona del diseño barcelonés, chapando por falta de ventas para ser reemplazado por una sastrería cutre fundada, para más inri, por un tío de Madrid que no se llamaba Massimo Dutti, sino Armando Lasauca (Armanduti para los amigos; de ahí el falso apellido italiano Dutti). Señoras y señores, ¡qué bochorno! En su momento, Vinçon fracasó al instalarse en Madrid, pero ya se sabe que no se puede esperar nada de esos mesetarios carentes de nuestra clase y nuestro *glamour*, ¿verdad?

Dejando aparte a las plañideras burguesas de rigor, es indudable que la muerte de Vinçon tuvo cierta trascendencia en Barcelona, donde algunos la interpretaron como una muestra más de la decadencia acelerada que está viviendo la ciudad en el siglo XXI. Todos habíamos visitado Vinçon alguna vez, aunque solo fuese para mirar o para asistir a una inauguración de alguna exposición en la Sala Vinçon, la galería de arte que había en su interior. Algunos hasta habíamos comprado alguna que otra cosa: en mi caso, dos modelos diferentes de la lámpara Tolomeo, un sofá rojo y algunos

bibelots absurdos que el jefe, Fernando Amat, sabía elegir muy
bien. Se le daba tan bien, de hecho, como cargar los precios.

Vinçon estaba lleno de cosas bonitas, pero ninguna de ellas
salía precisamente barata. Intuyo ahí un intento de discriminar
al posible cliente, de ir exclusivamente a por gente de buen gusto,
mejor posición social y un punto de excentricidad: con la excusa de
la modernidad y el criterio vanguardista, en Vinçon se practicaba
un clasismo indudable y muy parecido al de sastrerías hoy en decadencia como Furest o Gonzalo Comella, donde los dependientes
siempre han mostrado cierta displicencia hacia los clientes que
resultaba obvio que vivían por debajo de la Diagonal. Vinçon era
un ejemplo de la Barcelona *cool* (por eso no la habían entendido
los madrileños) y con su desaparición, la ciudad perdía *glamour*.
Eso sí, Fernando Amat hacía el negocio del siglo. No suframos por
él, ya que el edificio (paseo de Gracia, 96) era de su propiedad,
como en un principio lo había sido del pintor Ramón Casas. Ningún miembro de la familia Amat va a pasar hambre en los años
venideros: a Massimo Dutti le ha salido la torta un pan con la operación. ¿Qué quieres *flagship store*? Pues apoquina, gañán.

La tienda fue fundada en 1934 por el suizo Hugo Vinçon, pero
el padre de Fernando Amat, Jacinto, ya trabajaba allí al año siguiente. A finales de los años cincuenta, el negocio pasó a manos
de los Amat, quienes, en 1967, decidieron astutamente moder-
nizar el negocio. A partir de entonces, Fernando se convirtió en
un personaje fundamental de la escena moderna y cultural de la
ciudad, siempre eligiendo bien los objetos que compraba, siempre
cargando los precios de una manera que a veces resultaba casi es-
candalosa. Se definía como un simple *botiguer* (tendero), pero era
evidente que, en el fondo, tenía una idea mucho más elevada de sí
mismo, como de mandarín doméstico capaz de mejorar la vida de
los diseñadores locales con sus encargos.

Aunque había amigos en común, como Javier Mariscal o Bigas Luna, Fernando y yo creo que nunca hemos llegado a intercambiar una palabra durante los cuarenta años que llevamos cruzándonos por Barcelona. Le considero un tipo adusto que no me cae ni bien ni mal. No sé si él me conoce, pero hace como si no. A veces he estado tentado de saludarle, pero siempre lo dejo para una próxima ocasión. Digamos que ninguno de los dos se muere de ganas de conocer al otro. Igual le cogí manía a finales de los setenta, cuando intentó montar una revista en la que los colaboradores no íbamos a cobrar porque bastante teníamos con trabajar para un templo del diseño y la modernidad como Vinçon. En cualquier caso, esa posible manía, como la famosa cuenta en Maxim's de José Luis de Vilallonga, se ha muerto de vieja: yo estoy mayor, Fernando aún más, y su tienda y lo que esta representaba ya no existen.

¿La echo de menos? Pues un poco, la verdad. Me gustaba entrar de vez en cuando a mirar muebles que no me podía permitir o a comprar alguna chorrada *overpriced* (como la hucha Michelin que aún conservo). El servicio posventa, por cierto, era excelente. Con todo su clasismo y su tontería entre burgueses y *moderniquis*, Vinçon tenía una gracia indudable que el pobre Massimo Dutti no ha tenido jamás.

77

XAVIER BAQUÉ'S *DIAGONAL*

Si los neoyorquinos tenían el *Interview* de Andy Warhol, los barceloneses *moderniquis* de los años ochenta nos apañábamos con el *Diagonal* de Xavier Baqué. La revista estaba claramente inspirada —por no decir fusilada— en el mensual norteamericano coordinado por Bob Colacello (Warhol, como de costumbre, se limitaba a poner el nombre y a no hacer nada de nada) que fue durante una época la Biblia de la modernidad (y el esnobismo) para quienes acabábamos de dejar atrás una dictadura de cuarenta años y nos internábamos en la vanguardia (el concepto, no el diario del conde de Godó) con una alegría digna de mejor causa. Un intento previo —la revista *Latino*, ideada por el fotógrafo Toni Riera— no pasó del número 1 y arruinó a sus inversores *ipso facto*, pero el amigo Baqué consiguió alargar la vida de su *Diagonal* hasta 1988 (había nacido en 1980).

Lo logró a su manera, que consistía a menudo en no pagar a los colaboradores o, por lo menos, demorar todo lo posible tan funesto trance. Lo hacía, eso sí, con una indudable gracia, como el día en que se presentó en la redacción la fotógrafa María Espeus con ganas de cobrar y fue informada de que el gran Baqué se encontraba en esos momentos de viaje en Roma, lo cual no era cierto. De hecho, se había escondido tras una cortina y le asomaban los pies por abajo, detalle que no le pasó inadvertido a María, quien le obligó a abandonar tan desairada situación, aunque nunca he sabido si llegó a cobrar o no.

Como todo pícaro que se respete, Baqué era un tipo muy simpático y con mucha labia que, especialmente si llevabas unas copas de más, te podía convencer de casi cualquier cosa. A mí me convenció para dirigir la revista, pero solo ocupé el cargo un mes: en cuanto vi que no había forma humana de cobrar el prometido sueldo de director, me cesé a mí mismo. Ahora no recuerdo si seguí colaborando en la revista o no, pero es muy probable que sí, ya que con Baqué no había manera de enfadarse. Como el padre del rumbero Peret en la canción «El mig amic» (*El medio amigo*), Baqué vivía *enredant per allà, enredant per aquí* (enredando por ahí, enredando por aquí), pero hay que reconocer que lo hacía con una gracia y una desfachatez que desmotivaban de inmediato a cualquiera que hubiese contemplado la posibilidad de partirle la cara.

Durante una época, incluso, fue, a su peculiar manera, el sostén de su familia, pues dio trabajo en *Diagonal* a su padre y a su hermano menor. Este ejercía de chico de los recados, y el otro nunca averigüé muy bien qué función cumplía. De hecho, para entretenerme, hice correr la voz de que aquel tipo calvo y de aspecto levemente patibulario no era el padre de Baqué, sino alguien al que habría conocido en el trullo y con el que podría haber establecido una relación similar a la de Arturo Fernández y Paco Rabal en la película de Miguel Hermoso *Truhanes*. No me constaba que Baqué hubiese pasado por el talego, pero no me negarán que, como maledicencia en el fondo inofensiva, mi teoría no estaba mal del todo.

Hacer durar ocho años aquel invento tiene un mérito tremendo. Durante esos ocho años, *Diagonal* ni se consolidó en el quiosco ni se hundió, más bien flotó cual corcho durante casi toda una década. Nunca fue posible saber cómo iban realmente las cosas porque Baqué, cuando te lo cruzabas, parecía nadar a perpetuidad en el petrodólar y estar siempre de un humor excelente (su fisonomía de espadachín decimonónico con bigotillo se mostraba invariablemente reluciente). Cuando los fastos del 92, me lo crucé un día en una tienda de discos y me contó que se había montado un negociete con las réplicas de las tres carabelas de Colón que no acabé de entender muy bien, pero con el que, al parecer, se ganaba muy bien la vida (el hecho de que le rechazaran la tarjeta a la hora de pagar lo interpreté como una muestra habitual de su genio y figura).

Hace mucho que no me lo cruzo, pero me contaron que vivía de otro de esos negocios incomprensibles a los que tan dado ha sido siempre, algo relacionado con la publicidad que me explicaron, pero no entendí muy bien (es posible que no prestara mucha atención). Caso de cruzármelo, me tomaría algo con él de mil amores, pues siempre me cayó bien, pese a su propensión a ejercer de liante. Los ochenta fueron en Barcelona años muy propicios para pícaros con una cierta gracia como Xavier Baqué. La época les ayudó a brillar durante un tiempo, y el apagón fue más duro para unos que para otros. Dentro de todo, tengo la impresión de que el amigo Baqué —conocido entre sus detractores por los alias de El Púa y el Baquilla— ha salido bastante bien librado. Tal vez porque sus trapisondas siempre fueron de una ambición muy limitada. Como dijo Pepón Coromina, que había sufrido en sus carnes como productor cinematográfico a un socio apellidado Baquer (con erre al final, pero muda en catalán): «Mi Baquer era un mangante de cien millones; el de *Diagonal*, de dos mil pesetas».

78

EL OTRO MAURI

Durante muchísimos años coincidieron en el Ensanche barcelonés dos establecimientos consagrados al comercio y al bebercio que compartían un mismo nombre, Mauri, aunque no se parecían en nada el uno al otro. El más conocido era la cafetería y pastelería de Provenza con Rambla de Cataluña, lugar de reunión predilecta de viejas convergentes y buenos burgueses en general, que sigue en su sitio y funcionando viento en popa a toda vela. El otro Mauri chapó a finales de 2014 y ocupó la esquina de Provenza con Aribau desde 1959, cuando don Leandro Mauri se hizo cargo del bar Faló, que llevaba ahí desde principios del siglo xx, y le cambió el nombre, que se prestaba a bromas malsonantes por un quítame allá ese acento, por el de su familia. La gracia de este Mauri estaba en su ambiente anticuado, tronado y polvoriento (aunque estuviese limpio, que lo estaba). Daba la impresión de que las cosas cambiaban en el barrio para todo el mundo menos para los responsables del Mauri, que parecían considerar su local como una especie de cápsula temporal que se había intentado preservar como en 1959: no digo que no se hubieran producido leves cambios en la decoración, pero les puedo asegurar que no se notaban.

Me lo descubrió mi amigo Ignacio Vidal-Folch, que siempre ha tenido un *penchant* muy notable por los sitios interesantes que se sitúan a medio camino entre el clasicismo y el cutrerío. A Ignacio le fascinaban, además, un camarero de semblante simiesco dado a los comentarios insólitos y/o extemporáneos y una camarera deprimente que tampoco era manca a la hora de largar: un día, tras ver partir con evidente alivio a un cliente particularmente afeminado, soltó la frase inmortal «hay días que a una le sale el asco por todos los poros», que hoy día le garantizaría una querella por delito de odio. No era una mujer especialmente agradable y, desde luego, no parecía disfrutar mucho de su trabajo, pero su actitud ceniza le hacía mucha gracia a mi amigo y, de rebote, a mí. Nunca sabías cuándo se iba a mostrar contrariada, y eso le añadía emoción hasta al simple acto de pagar las consumiciones: un día se rebotó porque no recordábamos con exactitud el número de croquetas que nos habíamos comido, como si fuese obligación del cliente llevar la cuenta de lo que se zampa. Magnánimamente, nos cobró cuatro tras informarle de que nos habíamos comido «cuatro o cinco croquetas» («No es lo mismo cuatro que cinco», precisó antes de tomar el sendero de la generosidad).

En el Mauri se podía desayunar, comer, merendar y hasta cenar, si te apañabas con un bocadillo o unas croquetas o un trozo de tortilla de patatas. La terraza era estupenda y a mediodía estaba muy solicitada por los desocupados con tendencia a exponerse al sol cual lagartos, pero para captar el genuino ambiente del lugar había que acceder a su interior, a esas mesas vetustas, a esas sillas con tapizado granate que parecían heredadas de otro sitio, a esa barra desde la que la camarera deprimente (y deprimida, diría yo) proyectaba sobre los clientes un asco que a veces le salía de todos los poros.

Ahora hay en su lugar un local *moderniqui* en el que nunca he puesto los pies, y creo que Ignacio tampoco. Supongo que el camarero simiesco y la camarera deprimida/deprimente disfrutan de su bien ganada jubilación. No sé si la señora Mauri sigue entre nosotros o si se ha reunido ya con su marido. Pero noto un extraño vacío en el barrio, muy similar al que dejó el restaurante El caballito blanco: me gusta poder acceder a lugares en los que no sabes muy bien en qué año estás ni falta que te hace, pero me temo, a tenor de los hechos, que no es un gusto que comparta mucha gente en mi ciudad. Lástima.

79

Y BAILARÉ SOBRE TU TUMBA

Bautizar un centro de esparcimiento juvenil consagrado a la ingesta de alcohol y el baile más o menos desenfrenado (y a menudo patoso) con el nombre de un difunto es una muestra de humor macabro que nadie apreció en 1985, cuando se inauguró la discoteca Otto Zutz en la parte alta de la ciudad. Los que asistieron a la inauguración —entre ellos, quien esto les cuenta— ignoraban que la familia Zutz se había evaporado de la faz de la tierra: la señora Zutz, Carmen, falleció de un sarcoma en 1974, y su hija, Marianne, de cáncer en 1975. El *pater familias*, el alemán Otto Zutz, murió a finales de los setenta mientras seguía trabajando en la óptica que llevaba su nombre, sita en el número 402 de la calle Muntaner, haciendo esquina con Platón, justo al lado de donde se instalaría a principios de los ochenta el bar en el que me castigué la salud a conciencia durante toda esa década, el mítico Zig Zag (actualmente chapado, aunque creo que aún se alquila para celebraciones privadas).

Fueron precisamente los impulsores del Zig Zag, Alicia Núñez y Guillermo Bonet, los que eligieron el nombre del óptico teutón trasplantado a Barcelona para bautizar el negocio al que confiaban enviar, como así fue, a su selecta clientela cuando cerrara el bar. Mucha gente de la época especuló sobre la identidad del tal

Zutz: había quien creía que se trataba de un artista de la República de Weimar o de un actor del cine mudo expresionista alemán. La realidad era más plana y costumbrista: a los cerebros del Zig Zag les gustaba ese nombre y, probablemente, encontraban su sonoridad germánica muy adecuada para un club de estética fría que podría haber aparecido en alguna canción de David Bowie compuesta durante su exilio berlinés compartido con el gran Iggy Pop y que produjo aquellos dos sensacionales elepés del señor Osterberg que fueron *The idiot* y *Lust for life*. Nunca averigüé de qué murió el señor Zutz, pero en su caso yo la habría diñado de asco y pena tras ver fallecer sucesivamente a mi mujer y a mi hija.

En cierta manera, todos pasamos unos años bailando sobre la tumba del señor Otto Zutz, y no descarto que en alguna ocasión sonara la canción de Siniestro Total «Y bailaré sobre tu tumba». En cualquier caso, la familia de Otto Zutz era la menor de nuestras preocupaciones cuando aparecíamos por aquel club de estética industrial tras ser desalojados del Zig Zag, convenientemente cocidos e ignorando la voz de nuestra conciencia, que nos decía que ya habíamos bebido bastante. Tal vez por eso, porque el alcohol me salía por las orejas, no guardo especiales recuerdos de aquel lugar, que sigue abierto —abundan en Trip Advisor los comentarios que desaconsejan vehementemente la visita por la dudosa calidad de la comida y la bebida y los modales no muy versallescos del personal de seguridad, aunque es posible que solo se trate de opiniones rencorosas a cargo de gente que no tenía una buena noche cuando apareció por el local—, pero nada debe de tener que ver con el que yo conocí, así que para mí es como si hubiese chapado a principios de los noventa.

En mi caso, al Otto Zutz se iba a darse a uno mismo la puntilla y, en ocasiones, a ponerse en evidencia, como la noche en que, paposo y farfullante, intenté ligar sin la menor posibilidad de éxito con la actriz Rosa Novell, que en paz descanse también. Mis recuerdos, pues, consisten en deambular de una barra a otra y de una planta a la siguiente (tenía tres) porque mi mente obnubilada no conseguía hacerme entender de una puñetera vez que lo que tenía que hacer era irme a casa. No recuerdo ni una sola conversación estimulante —como sí es el caso del Zig Zag o del bar del Astoria, por poner un par de ejemplos señeros—, solo encuentros y desencuentros que no llevaban a ninguna parte, conatos de charla abortados por la urgencia de acercarse a la barra o a los lavabos más cercanos.

Soy consciente de que, tal como lo cuento, aquello parecía la sucursal del infierno en la Tierra, pero solo era un abrevadero con pretensiones conceptuales y arquitectónicas. Ahora que lo pienso, en aquella época, la genuina sucursal del infierno en la Tierra era mi propio cerebro.

80

EL AUTÉNTICO AMANTE BILINGÜE

Nunca llegamos a cruzar ni una palabra, pese a coincidir con frecuencia dentro y fuera de Zeleste de la calle Platería a finales de los años setenta y principios de los ochenta. Estas cosas pasan mucho en Barcelona. Hay gente a la que te sabes de memoria, pero nadie te la presenta, a ti no se te ocurre jamás iniciar una conversación y un buen día no ves más a la persona en cuestión porque se ha muerto. El pintor Luis Claramunt (1951-2000) es una de esas personas que podría haber conocido, pero que no llegué a tratar, debiendo conformarme con su presencia, que era de traca: vestía el hombre siempre de negro, camisa abierta, pantalones acampanados, botines de tacón cubano y un chaquetón modelo tres cuartos como de polipiel, *look* muy adecuado para un tratante de ganado, un patriarca gitano (solo le faltaba la cachaba), el mánager de un cantaor de flamenco o el apoderado de un diestro menor. La parte de su cuerpo que quedaba al descubierto, la cabeza, tampoco tenía desperdicio: seudobarba a lo Pedro Picapiedra (*five o'clock shadow*, según los anglosajones), patillas de hacha y pelo engrasado, pegado al cráneo y con vistosos caracolillos en el cogote.

Les aseguro que el hombre se hacía notar en el ambiente de Zeleste, compuesto básicamente por progres, alternativos y progres alternativos. Al principio pensabas que se había equivocado

de entorno, pero luego aparecía alguien que te explicaba su historia, que era de aúpa, y te enterabas de que era un muchacho
barcelonés de clase media —padre decorador, madre pianista y
maestra de Tete Montoliu— que había presentado una enmienda
a la totalidad de su origen social, sustituyendo los barrios altos
por la Plaza Real, acercándose a la comunidad gitana, aficionán-
dose a los toros y a las peleas de gallos, adoptado al hablar un
cierto deje andaluz y convirtiéndose en el sujeto en que se inspiró
Juan Marsé para el protagonista de su novela *El amante bilingüe*.
Fue la psiquiatra Rosa Sender quien le habló al escritor de tan
curioso espécimen, pero nunca ha quedado claro si Claramunt fue
paciente de Sender o tan solo un conocido.

Luis Claramunt se empeñó en convertirse en otro y lo logró.
También quiso ser pintor y también se salió con la suya, en un estilo que algunos describieron como expresionista y otros, directamente, como tremendista. Las cosas no le fueron mal y hasta contó con los servicios de Juana de Aizpuru como galerista. Llegó un
momento, eso sí, en que el álter ego que se había fabricado ya no
se encontraba muy a gusto en la Barcelona convergente-socialista
y el hombre emigró a Madrid en 1984, con cíclicas excursiones a
Sevilla y Marruecos. Murió en Zarauz en el año 2000, pero no he
encontrado en ninguna parte la causa del óbito. Se le achacaba
cierta tendencia a la mala vida y al abuso de sustancias nocivas,
tanto legales como ilegales, pero también hay quien lo niega. La
verdad es que me hubiese gustado conocerle y que me explicara
por qué había decidido, a los 18 años, convertirse en otra persona,
la persona que fue hasta su fallecimiento.

Y es que lo suyo no tenía nada que ver con el *hippy* al que te en-
cuentras años después con traje y corbata y empujando el carrito
de un bebé por la Diagonal. Lo suyo iba muy en serio. Tan en serio
como sus desgarrados cuadros. A Marsé le sirvió para uno de sus

libros. Para mí, durante un tiempo, fue una presencia tan familiar como incongruente en la Barcelona alternativa de mi juventud. Recuerdo que la primera vez que me lo crucé en los oscuros alrededores de Zeleste, temí por mi seguridad personal y hasta me vi apuñalado y robado por aquel sujeto de aspecto granujiento que parecía estar fuera de su entorno habitual. Cuando me contaron su peculiar historia, se convirtió, simplemente, en un invitado más a la larga fiesta de la Transición que tuvo lugar en mi ciudad cuando esta era una urbe cutre, simpática y sin muchas pretensiones que aún no soñaba con organizar unos juegos olímpicos y entregarse alegremente a la gentrificación. Ahora es solo un fantasma más de una ciudad que ya no existe.

81

EL ÚLTIMO CANET ROCK

Aunque se sigue celebrando, el festival musical Canet Rock no tiene nada que ver con lo que fue en sus inicios, de la misma manera que el barcelonés Mercado de San Antonio poco se parece al recinto encantado de mi infancia, cuando uno iba a cambiar cromos y comprar tebeos con su hermano mayor, que se dedicaba a adquirir prospectos y folletos de cine en las dos paradas a ellos consagradas. Canet Rock —celebrado en un pueblo del Maresme llamado Canet de Mar y situado a poco más de 40 kilómetros de la capital— es ahora un cónclave de bandas catalanas de escaso (o nulo) interés al que acude un contingente juvenil formado en gran medida por *lazis* adolescentes destetados por Els Catarres y Els Amics de les Arts o, en el mejor de los casos, Manel o Mishima y provectos melenudos de origen rural que, en su momento, confundieron el rock & roll con Sopa de Cabra, Els Pets y demás desgracias del subvencionado rock *català* de los años ochenta. El primer Canet Rock, el de verdad, nació en julio de 1975 y tuvo una muerte gloriosa en 1978 con su cuarta y caótica edición: no sé quién tuvo la brillante idea de confiarle la organización al gran Pau Riba, pero quienes lo conocemos y lo apreciamos sabemos que los conceptos Pau Riba y Organización constituyen un oxímoron difícilmente superable. Aunque nunca he podido corroborarlo, se contaba que el bueno de Pau perdió las llaves de las caravanas que ocupaban los grupos que componían el cartel y que ello dio origen a ciertas tensiones con los combos venidos del extranjero, que eran, curiosamente para lo que estábamos acostumbrados, de bastante relumbrón.

En cualquier caso, la posibilidad de ver actuar en directo en un pueblo del Maresme a Blondie, Ultravox, el extraterrestre honorífico Daevid Allen y la tristísima musa de los Velvet Underground, Christa Päffgen, en arte Nico, resultaba muy atractiva. Por el sector nacional, se contaba con el seudoorganizador Pau Riba, La Banda Trapera del Río y Tequila, grupo que con el tiempo he logrado hasta respetar, pero que en la época me daba una grima considerable (aún recuerdo cuando, desde las páginas de *Disco Exprés*, nos dedicábamos a ponerlos verdes para chinchar a su mánager y dueño de la publicación, Gay Mercader, que luego se convirtió en un excelente amigo cuya compañía aún frecuento y que siempre me invita a comer a unos restaurantes estupendos, como El Celler de Can Roca, que lo descubrí gracias a él).

Recuerdo que el público dejaba bastante que desear. O que, simplemente, el gusto general no coincidía con el mío. A la pobre Nico —que apareció en compañía de un deprimente armonio y nos largó unas salmodias que parecían presagiar un inmediato suicidio— la abuchearon de tal manera que acabó abandonando el escenario entre lágrimas: nunca olvidaré al clon de Albert Einstein que la despidió berreando la frase inmortal «¡Queremos música de jaleo!». No sé qué problemas hubo con Ultravox —una de mis bandas favoritas del momento, cuyo segundo álbum, el apabullante *Ha Ha Ha*, escuché hasta rayarlo, casi siempre en estados alterados de la percepción—, pero se resistían a salir al escenario, motivando una intervención del pobre Àngel Casas, quien, micrófono en ristre, nos dio a elegir entre Tequila y Ultravox, mencionando de paso lo mal que se estaban portando John Foxx y sus muchachos (yo lo único que vi en su primer conato de actuación fue al violinista del grupo perseguido por un gañán armado con una llave inglesa, pero ignoro los motivos de tanta inquina). La masa votó mayoritariamente por Tequila, y a Ultravox los acabamos viendo los cuatro que quedábamos despiertos a las siete de la mañana, mientras la Nación de Canet —incluyendo, intuyo, al devoto de la música de jaleo— dormía a pierna suelta: si no se oían los ronquidos era porque el volumen del grupo era brutal y porque el cantante, que llevaba un cabreo notable (durante una entrevista, años después, me dijo que nunca llegaron a cobrar), golpeaba cíclicamente los amplificadores con el micro, consiguiendo unos chirridos infernales que hubiesen despertado a cualquiera que no estuviera tan cocido o tan colocado como los ceporros de mi generación que llenaban el Plà de Can Sala.

La actuación de Blondie fue también muy disfrutable, y hasta el de la música de jaleo se estuvo callado: gracias al carné de prensa, pude ver bastante de cerca a la adorable Deborah Harry, y debo decir que los del *Star* y el *Disco Exprés* acabamos la fiesta muy contentos. Nunca volví a ver actuar a Blondie y Ultravox, pero sus conciertos de esa noche los recordaré siempre como dos de los mejores de mi vida en el mundo del pop en directo. Me quedé con las ganas de estrangular personalmente al partidario de la música de jaleo, pero ya se sabe que en este mundo no se puede tener todo. Y entre la bronca y el caos, Canet 78 fue el último gran festival de mis años mozos. Y el último, directamente, de la experiencia que había empezado cuatro años antes. ¿Festival o carajal? Da lo mismo: aún recuerdo la mirada de extraña satisfacción que crucé con mi colega José María Martí Font mientras Ultravox actuaba para una masa dormida de muertos vivientes y cuatro modernillos veinteañeros que, sostenidos de pie por el alcohol y las drogas, a un metro del escenario, nos sentíamos, como los protagonistas de la canción de Bowie, héroes por un día.

Eso que ahora llaman Canet Rock se lo pueden meter por donde les quepa.

82

EL HOMBRE QUE FUE JESUCRISTO

Durante mucho tiempo, si uno estaba en Cadaqués y se sentaba a tomar algo en la terraza del bar Marítim, tenía muchas posibilidades de toparse en la mesa de al lado —o algunas más allá— con un hombre enjuto, de escaso cabello canoso y aspecto de disfrutar de una gran serenidad mental que solía hallarse en compañía de una atractiva y madura mujer nórdica de pelo rubio y ojos azules. El hombre se llamaba Enrique Irazoqui y no daba la impresión de tener que pasar por el molesto trámite de trabajar para llegar a fin de mes, pues su aspecto y el aire que desprendía era el de un desocupado sin problemas financieros de ningún tipo (la mujer nórdica era su compañera sentimental, cuyo nombre me dijeron varias veces, pero nunca logré memorizar). El señor Irazoqui nació en Barcelona en 1944 (ha muerto en septiembre de 2020), hijo de padre vasco y madre italiana, y poco se sabía de él. Se contaba que era economista, que había impartido clases de literatura y que era un experto en ajedrez. Pero el dato que lo identificaba era que, antes de cumplir los 20 años, había interpretado el rol de Jesucristo en la película de Pier Paolo Pasolini *El evangelio según san Mateo*.

Aunque nunca te hayas planteado una carrera como actor, empezarla dando vida al hijo de Dios es como entrar por la puerta grande o jugar a la carta más alta. ¿Qué puedes hacer después de eso? Tras rodar *Rey de reyes*, poco más se supo de aquel galancillo norteamericano llamado Jeffrey Hunter. Willem Dafoe sobrevivió dignamente a *La última tentación de Cristo*, de Martin Scorsese, pero tenía una carrera previa y nunca más volvió a topar con la Iglesia (a veces no hace falta llegar tan alto en la jerarquía católica: tras rodar *El cardenal* con Otto Preminger, Tom Tryon se dedicó a escribir *best sellers* firmados como Thomas Tryon). Después de *El evangelio según san Mateo*, el señor Irazoqui cayó en manos de la temible Escuela de Barcelona y rodó *Noche de vino tinto* (1966), de José María Nunes, y *Dante no es únicamente severo*, dirigida al alimón por Jacinto Esteva y Joaquín Jordà. Nunes lo rescató en 2008 para *A la soledat*, y Joan Vall Karsunke lo puso a recitar unas frases de *Nunes en Cenestesia* (2019), cinta inspirada en el libro homónimo de ese cineasta portugués incrustado en la *gauche divine* al que volveremos en otro momento, pues merece un texto para él solo. Y esa fue toda la carrera cinematográfica de Enrique Irazoqui, iniciada gracias a un viaje a Italia en representación del ilegal Sindicato Democrático de Estudiantes de la Universidad de Barcelona en busca de fondos para la organización. En ese periplo conoció a Rafael Alberti, Vasco Pratolini y Giorgio Bassani. Y un amigo comunista lo llevó a ver a Pasolini, de quien se cuenta que, nada más topárselo en la puerta de su domicilio, llamó a su amante Ninetto Davoli, que corría por allí, y le dijo: «Tenemos a Jesús en casa». El amigo Irazoqui no levantó un duro para la causa, pero acabó participando en una película que ha pasado a la historia del cine. Algo es algo.

Para mí siempre fue un enigma. Alguna vez, si llevaba un par de copas de más, me sentí tentado de acercarme a su mesa en el Marítim a darle conversación, desde mi punto de vista, o la tabarra, intuía que según el suyo. Probablemente, estaba hasta

las narices de que lo abordaran desconocidos para preguntarle
no por él, sino por el difunto Pasolini (aunque sé que no le hacía
ascos a actos y cónclaves sobre su obra). Nunca reuní el valor de
abordarle y no lo lamento. En realidad, me bastaba con su digna
figura y la extraña paz que emanaba de él y que nunca sabré si se
debía a la benéfica influencia del papel de Jesús en su juventud o
a disfrutar de una posición económica desahogada que lo eximía
de eso que los argentinos denominan el *duro laburo*.

Un buen día desapareció de Cadaqués y no se le volvió a ver
por la terraza del Marítim (hay quien dice que se trasladó a Llan-
sá). También yo dejé de ir por Cadaqués con la frecuencia habitual, cansado de cruzarme los fines de semana con los mismos
pelmazos a los que daba esquinazo en Barcelona de lunes a viernes. En 2014 se afilió a Podemos, pero se dio de baja rápidamente:
desocupado, puede; tonto, ni hablar.

83

UNA CATALANA DE BUENOS AIRES

Nos pasamos la vida en trincheras opuestas, pero siempre nos llevamos bien. Aunque lo que escribía y lo que pensaba me daba grima, personalmente siempre me pareció una persona muy agradable. No la entendí jamás, pero daba lo mismo: Patrícia Gabancho Ghielmetti (Buenos Aires, 1952–Barcelona, 2017) se interesó muy jovencita por la cultura catalana en su ciudad natal y a los 22 años se plantó en Barcelona para consagrarle su vida al país, en parte imaginario, que había escogido como propio y se integró rápidamente en ámbitos independentistas. No solo aprendió a hablar un excelente catalán, sino que dejó de hablar el castellano a no ser que fuese imprescindible. Esa actitud, que iba más allá de una mera excentricidad, demostraba que, si uno se lo proponía, podía cambiar de nacionalidad tranquilamente y convertirse, prácticamente, en otra persona. Se me escapa el porqué una chica de Buenos Aires, de origen español por parte de padre e italiano por parte de madre, decide volcarse en la imposible independencia de Cataluña, pero a Patrícia le dio por ahí y a ello se dedicó con ahínco hasta que un cáncer se la llevó por delante.

La conocí a principios de los ochenta en la cochambrosa redacción de *El Noticiero Universal*, donde encajaba todos mis sarcasmos antiseparatistas sin perder jamás la sonrisa. Nunca fuimos amigos íntimos, pero siempre mantuvimos una buena relación, tal vez porque, a diferencia de muchos de sus compañeros de cruzada melancólica, me veía como a un adversario, no como a un enemigo. Siempre que nos cruzábamos por la calle, nos parábamos un ratito a conversar y quedábamos para una cena que nunca se acababa celebrando. En cierta ocasión, me confesó que había dejado de leerme para poder seguir teniéndome cierto cariño. Formaba parte del que podríamos llamar sector *soft* del independentismo, donde también incluyo a gente como el escritor Vicenç Villatoro, el periodista Vicent Sanchis o el actor Sergi López, personas con las que no estás de acuerdo en nada, pero con las que puedes mantener una conversación civilizada (y, en el caso de López, hilarante) sin conato alguno de bronca. Si te los cruzas, saludas o hasta te detienes a intercambiar cuatro palabras, cosa imposible con los representantes del sector *hard* del separatismo (no diré nombres), a los que solo les falta escupir al suelo cada vez que se topan contigo por alguna calle de Barcelona.

Patrícia siempre me pareció de lo mejor que había en esa extraña Legión Extranjera de gente que había venido a España con la aviesa intención de destruirla. Y dentro del contingente argentino, estaba a años luz de arribistas rastreros como Gerardo Pisarello y Albano Dante Fachín. Ella, simplemente, se sentía catalana y aspiraba a la libertad de su país, al que consideraba sojuzgado por España, pero no le importaba confraternizar con el enemigo y siempre puso a las personas por encima de su ideología, algo que los talibanes del sector *hard* nunca han sido capaces de hacer.

Siempre recordaré la suya como una extraña forma de vida, pero ella pareció disfrutarla mientras duró, con sus libros, sus artículos, sus conferencias y sus actividades en pro de la independencia. Hubiese preferido que la diñara otro *lazi* (tampoco diré nombres), pero ya sabemos que el cáncer nunca ha disimulado su preferencia por las buenas personas.

84

EL ALMA DE LOS NIÑOS (I)

Como el famoso gato cuántico de Schrödinger, también hay lugares que existen y al mismo tiempo no existen, lugares que conociste bien y que siguen en el mismo sitio, pero que ya nada tienen que ver con los que tú pisaste muchos años atrás, hasta el punto de que, conceptualmente, ambos lugares (porque para ti son dos, aunque aparentemente sea uno) solo comparten el nombre. En esto pienso cada vez que paso frente a mi antiguo colegio, el de los escolapios, en la calle Diputación (entre el paseo de Gracia y Pau Claris, aunque más cerca de esta calle). Para empezar, o han eliminado la capilla con entrada separada del colegio o la han ocultado. Me inclino por esta segunda posibilidad, ya que todo el edificio está como camuflado de escuela laica y no se ve ni un cura patrullando por la entrada en busca de alguien a quien pillar fumando u hojeando alguna revista guarra, personaje especialmente fácil de detectar, pues solía formarse un corrillo de críos rijosos a su alrededor.

Hasta hay chicas, y algunas de ellas visten de manera (puede que) inapropiada para su edad sin que se materialice un decrépito mosén a afearle la conducta (los chicos lucen el uniforme oficial de la adolescencia: pantalones cortos o de chándal, sudaderas con capucha, zapatillas de *skater*). ¿Dónde se esconden los curas?, me pregunto cada vez que paso por delante de *Can Culapi*, ¿dónde están aquellos buitres de mi infancia que parecían bendecidos por el don de la ubicuidad? Luego me respondo que la Iglesia católica solo piensa en su supervivencia y que ahora debe de haber decidido que más vale no hacerse notar mucho, pues lo importante es seguir controlando el flujo monetario y la institución no está para perder un euro por culpa de una minifalda *lolitesca* o un pendiente en la oreja de un joven gañán adicto a los *reality shows* de Telecinco o, aún peor, a la programación de TV3 (mi colegio, evidentemente, se ha *lazificado*, como deduzco de las comunicaciones escritas exclusivamente en catalán que sigo recibiendo por correo electrónico sin haberlas solicitado jamás).

La verdad es que el edificio ha sufrido una renovación a fondo y ahora es todo él acristalado y luminoso, pero eso no me impide ver el ectoplasma del señor Julio, el portero de mi época, con su pulcro uniforme gris, ni el del turbio padre Carbonell, siempre mal afeitado, siempre fumando, siempre observando con descaro el culo de las madres que se le antojaban más apetitosas: más que un cura, Carbonell parecía un gánster disfrazado de cura, como Humphrey Bogart en *No somos ángeles*. Me contaron que se había acabado saliendo de la orden y liándose con alguna pelandusca. Yo siempre lo recordaré interrumpiendo a un alumno que iba por ahí llamando a gritos a quien él llamaba Padre Perfecto en vez de Padre Prefecto, dedicándole su sonrisita más siniestra y, tras echar una calada al enésimo pitillo de la mañana, espetándole: «Hijo mío, no hay ningún padre perfecto». ¡Si lo sabría él!

El peculiar padre Carbonell se escapaba a los dos modelos que convivían en *Can Culapi* en mi infancia: los viejos malolientes y los jóvenes que fingían *coleguismo* y que a veces hasta tocaban la guitarra (y que, en el fondo, daban más asco que los carcamales con halitosis que te encontrabas en el confesionario). Extraño

privilegio generacional el mío: aguantar a dos tipos (aparentemente) opuestos de cura; mi hermano, seis años mayor que yo, solo
conoció a los del club de la halitosis, y también tuvo que chuparse
misa diaria en aquella capilla ahora oculta o derruida, mientras
que a mí solo me caía una a la semana.

El club de la halitosis se dividía a su vez en dos sectores: los
que conservaban, más o menos, la fe y los que era evidente que
la habían perdido, pero ya no se veían capaces de tomar la vía
Carbonell. Hay que decir a su favor, eso sí, que, por lo menos, no
intentaban hacer como que les importabas, especialidad de los
curas jovenzuelos en la que brilló con luz propia durante años el
siniestro padre Paco, hijo del no menos siniestro humorista baturro Paco Martínez Soria...

85

EL ALMA DE LOS NIÑOS (Y II)

El padre Paco había hecho una carrera meteórica en los escolapios, llegando muy joven a padre prefecto de la sede de la calle
Diputación, que es donde yo eché mi vida a los cerdos entre los 4 y
los 16 años. Decían las malas lenguas que tan brillante trayectoria
profesional tal vez tenía algo que ver con las generosas donaciones
que su progenitor, el cómico Paco Martínez Soria, hacía regular-
mente a la orden, y no sé si sería cierto, pero, en cualquier caso,
el jovial Paco nos amenizaba la hora de estudio (una especie de
break para repasar materias, leer o papar moscas) con los discos
de su señor padre (así me tragué entera *La ciudad no es para mí*),
que alternaba, en aras del bilingüismo, con los de Joan Capri. En
cierta ocasión, alteró el repertorio para leernos el libro de Jaume
Perich *Autopista*, que acababa de salir: aunque nunca tragué al
padre Paco, reconozco que gracias a él descubrí al gran Perich,
¡menos da una piedra!

El padre Paco era un devoto del deporte, las excursiones, la
gimnasia y la amistad viril, que él cultivaba apareciendo por las
duchas con inusitada frecuencia. Fueron una vez más las malas
lenguas las que hicieron correr una turbia historia que le habría
granjeado su salida de *Can Culapi* para encerrarse en el monasterio de Poblet, donde, ya muy mayor, bordeando la decrepitud,

recibe de vez en cuando la visita de algunos de mis compañeros de antaño, que guardan de él un gran recuerdo y lo aprecian sinceramente. Yo sigo creyendo que no estaba muy bien de la cabeza y que ocultaba tormentos irresolubles, aunque también es posible que fuese un tipo estupendo al que no supe comprender. Como cantaba Raphael, «¿Y qué sabe nadie?».

Pese a la mala fama de los colegios de curas, nunca se me acercó ninguno con ánimo libidinoso, lo cual no sé si debería hacerme sentir aliviado u ofendido por la evidencia de no haber sido nunca un crío atractivo y apetitoso. En *Can Culapi* no imperaba la libido desviada de los clérigos, sino la grisalla generalizada. Los curas apenas se dedicaban a la docencia, dejando esta en manos de civiles presuntamente mal pagados, perdedores de la Guerra Civil en muchos casos, que solo conseguían transmitirte la sensación de que la vida es horrorosa y lo máximo que puedes esperar de ella es un aburrimiento más o menos confortable si no piensas demasiado y no te buscas problemas. Gracias a ellos, cuando cursé el COU en la academia Granés, tuve la impresión de que el claustro estaba compuesto exclusivamente por premios Nobel.

En *Can Culapi* no había chicas y tampoco se hablaba de ellas: era como si la mitad de la población no existiera. Algunos aventureros precoces se acercaban al cercano colegio Lestonnac para verlas, aunque fuese de lejos, pero yo ni siquiera lo intenté. De ahí las erecciones espontáneas en la Granés cada vez que se me sentaba al lado uno de esos seres extraños y trufados de redondeces que olían tan bien y a los que no sabía muy bien cómo tratar: me temo que no he progresado mucho en los casi cincuenta años transcurridos desde entonces.

Si acabé en un colegio de curas no fue porque mis padres fuesen precisamente unos *chupacirios*, sino porque estaba cerca de casa y porque, en aquella época, la gente de orden llevaba a sus hijos a la escuela católica. Franquista hasta la médula, mi padre, el coronel, era bastante *comecuras* y solo respetaba a los capellanes castrenses que convivían con su barragana (o con una «sobrinita» que nunca era la misma, como explicaba él), considerando a los demás, si se me permite la incorrección política, «una pandilla de maricones». Entre la cercanía al hogar y las obligaciones de un ganador de la guerra, acabé en los escolapios porque sí, como podría haber ido a parar a los salesianos o a los maristas si estos hubiesen construido un colegio a cinco minutos de la plaza Letamendi (*Can Culapi* estaba a diez).

Dudo que esos chicos y chicas con los que me cruzo ahora cuando paso ante mi antiguo colegio hayan oído hablar nunca del padre Altisent. Tampoco creo que canten el himno que ese buen señor compuso para la orden y que atendía por el bonito título de «El alma de los niños». Mi amigo Toni Olivé y yo grabamos una versión zarrapastrosa en una máquina que había en el metro de la plaza de Cataluña dentro de una cabina: por unas monedas, cantabas lo que te saliera del níspero y la máquina te entregaba un bonito *single*. Se lo quedó Toni, un hombre muy capaz de conservarlo. Junto al descubrimiento de Perich, creo que es lo único tangible que saqué de aquellos doce años. Espero que los actuales alumnos de los escolapios de Diputación obtengan algo más a cambio del dinero de sus padres.

86

RÉQUIEM POR UN CINEASTA ESPAÑOL

La última vez que hablé con él (por teléfono) fue en enero del año del coronavirus, cuando la Acadèmia del Cinema Català le concedió un Gaudí de honor por toda su obra. Quedamos en vernos cuando pasara por Barcelona, como teníamos por costumbre desde que hicimos amistad a mediados de los noventa, pero al final, por pitos o flautas, no lo conseguimos. Durante bastante tiempo, cada vez que aterrizaba en Barcelona —mientras lo traté, vivía en Madrid y en Valencia—, comíamos en El caballito blanco, restaurante que, al igual que él, ya no existe. Su muerte me cogió por sorpresa porque conservaba, a una edad provecta, un aspecto extrañamente juvenil y porque no me constaba que sufriera ninguna enfermedad grave. Es muy posible que Francesc Betriu (Organyà, Lleida, 1940–2020) se muriera, sencillamente, de viejo, aunque era imposible considerarlo como tal: pese a que las cosas nunca le habían ido especialmente bien —y se le iban complicando a medida que iba cumpliendo años—, Paco siempre tenía algún proyecto entre manos; la mayoría de las veces, tales proyectos no se hacían realidad, pero el hombre, inasequible al desaliento, nunca dejó descansar a sus pequeñas células grises, como decía Hércules Poirot.

Conocí al gran Paco Betriu a mediados de los noventa, cuando Andrés Vicente Gómez lo tenía al frente de lo que él llamaba la «división barata» de Lola Films. Andrés, ese magnate, se reservaba para las grandes producciones y delegaba en Paco para las películas de medio pelo y escaso presupuesto. Desde esa posición, el amigo Betriu puso en marcha una docena de proyectos de los que no llegó a la pantalla ninguno. Dos de ellos me concernían de manera especial, pues eran sendas adaptaciones de dos novelas mías, *Redención* (1989) y *Un mundo perfecto* (1990). Paralelamente, Andrés lo enredaba para dirigir películas que ni le iban ni le venían con la promesa, jamás cumplida, de financiarle algún proyecto personal. *Redención* no pasó de una propuesta que Telecinco rechazó y de la que nunca vi un duro porque Andrés sustituyó la tradicional opción por lo que él definió, de una manera que a mí se me antojó algo sarcástica conociendo al personaje, como «un pacto entre caballeros». Con *Un mundo perfecto* llegamos más lejos: escribí el guion y lo cobré, pero no apareció el director adecuado —yo me ofrecí amablemente como tal, pero Andrés le dijo a Paco: «Dile a ese que aquí no financiamos meritoriajes»— y la película nunca se rodó.

Durante el desarrollo de ambas desgracias, me hice amigo de Paco porque era un tipo estupendo, porque le gustaban mis novelas y porque lo admiraba desde 1974, cuando vi en el cine Pelayo *Furia española*, mi favorita entre todas sus películas, un delirio sobre fútbol y putas con Cassen y Mónica Randall que se insertaba en la rica tradición de ese esperpento español que va de Valle Inclán a Álex de la Iglesia, pasando por Berlanga y Azcona, y en el que brilla con luz propia nuestro cutrerío inherente, fuente inagotable de diversión. Paco ya había ensayado el género en un largometraje anterior, *Corazón solitario*, defendido por algunos críticos e ignorado por el público.

Los que recuerdan a Betriu suelen hacerlo por sus académicas adaptaciones de Ramón J. Sender (*Réquiem por un campesino español*), Mercè Rodoreda (*La plaça del diamant*) o Juan Marsé (*Un día volveré*), pero yo siempre preferí su frustrada vocación esperpéntica, concluida brillantemente con ese extraño precedente de la oscarizada *Parásitos* que es *Los fieles sirvientes* y que tuvo un epílogo formidable con *Mónica del Raval*, documental mezclado con algo de ficción que no era ni un documental al uso ni eso que los americanos definen como *mockumentary* (siendo Christopher Guest el maestro indiscutible del género). Ese retrato de una prostituta valenciana obesa y pintarrajeada como un *ninot* de las Fallas marcó el retorno de Betriu a los tiempos de *Furia española* y me proporcionó un torrente de carcajadas que no bajó de intensidad a lo largo de las tres ocasiones en que me tragué la cinta.

Entre el azar y la necesidad, Paco tuvo una carrera irregular, con altos y bajos, pero nunca tiró la toalla. Cuando hablamos por teléfono en enero del 2020, dijo que me contaría el nuevo proyecto en el que andaba metido. No hubo ocasión. El estado de alarma vino y se fue, el coronavirus siguió campando por sus respetos y lo siguiente que supe de mi amigo fue que la había diñado. Echaré de menos los almuerzos con ese hombre que creyó en mí —¡dos veces!— y que supo combinar dos pulsiones tan aparentemente opuestas como el entusiasmo y el fatalismo. Cualquier día de estos me vuelvo a tragar *Furia española* por enésima vez. Si es que está colgada en alguna plataforma de *streaming*, lo cual, tal como está el patio, adquiriría para mí carácter de epifanía.

87

ARDOR GUERRERO (I)

A veces, zapeando, me he quedado unos minutos atrapado en programas como *Operación triunfo* o *Gran Hermano*, pasmado ante las gansadas que se hacían y se decían en mi presencia y llegando a la conclusión de que debería volver el servicio militar para librarnos, aunque solo fuese por un año, de ese lamentable sector juvenil que protagoniza semejantes propuestas audiovisuales. Me temo que mi actitud es absolutamente reaccionaria y motivada, en parte, por la ofensiva juventud de los concursantes, pero es lo que hay y que no se me quejen: mi difunto padre, el coronel, los habría enviado a hacer carreteras o a picar piedra. Y, en cualquier caso, esos chavales iletrados que me irritan con su manera de ir por el mundo no deben saber, entre otras muchas cosas, que hubo un tiempo en España en el que existía una cosa llamada servicio militar que te interrumpía la vida y te hacía perder miserablemente el tiempo cuando más lo necesitabas para tus cosas: beber, follar, drogarte, viajar o hacer el ganso sin tasa. La mili es otra cosa muerta en Barcelona y en toda España, pero hubo una época en la que constituía una amenaza real a la que todos intentábamos dar esquinazo: no me voy a extender al respecto, pero vi a gente hacer todo tipo de cosas inverosímiles para librarse del asunto.

Yo no hice nada porque con mis cuatro dioptrías y media de miopía era considerado por el estamento militar inútil para el servicio de las armas. Simplemente, me dedicaba a solicitar prórrogas mientras iba a la universidad, con la intención de presentarme al concluir mis, digamos, estudios (cualquier parecido entre la facultad de Periodismo de Bellaterra y un centro del saber era pura coincidencia) a un examen médico del que saldría, como buen cegato, exento de sumarme a la charlotada seudopatriótica que tanto preocupaba a mis compañeros de generación. Con lo que no contaba era con que me declararan útil para el servicio y me enviaran a Mallorca, como así ocurrió por culpa de un médico militar que se empeñó, contra toda evidencia, en que mis dioptrías no llegaban a cuatro y, por consiguiente, me tocaba marcar el caqui como todo el mundo. De nada sirvieron documentos firmados por otros oftalmólogos en los que constaba mi genuina graduación: las conclusiones de aquel merluzo se impusieron a la autorizada opinión de profesionales que sabían mucho más que él.

De repente, algo que siempre había considerado un trámite se convirtió en una amenaza llevada a cabo. Yo pensaba que mi padre ya había hecho la mili por toda la familia y que de algo había de servirme lo de ver menos que Pepe Leches, y ahora resultaba que me equivocaba. A efectos prácticos, desaparecer dos años de mi existencia de periodista *underground* (verano del 82: hacía unos meses que habíamos sacado la revista de cómics *Cairo*, estandarte de la línea clara) me resultaba doloroso. Y, ya a un nivel conceptual, que el Ejército español se saltara a la torera sus propias normas para jorobarme la vida se me antojaba una maniobra intolerable y moralmente reprobable: se estaba cometiendo una injusticia conmigo y eso era un escándalo.

«Ardor guerrero vibra en nuestras voces / y de amor patrio henchido el corazón...». Me incorporé a filas con las gónadas henchidas de ardor guerrero, pero no por el motivo que esgrime el himno del arma de infantería. Y lo hice con una sola idea en la cabeza: huir de allí a la mayor brevedad posible. Mi sentido de la justicia había sufrido una humillación inasumible y aquello había que solventarlo cuanto antes. No sabía cómo, pero algo se me ocurriría. ¡Vaya si se me ocurriría! Y es que yo a las buenas soy muy bueno, ¡pero el que me busca, me encuentra!

88

ARDOR GUERRERO (II)

«Envíenos a su hijo y le devolveremos a un alcohólico». Mientras me embriagaba cada tarde en el bar del campamento —bautizado por el Ejército como Hogar del Soldado, pues el humor militar tiende involuntariamente al sarcasmo—, pensaba en quién habría tenido la brillante idea de considerar aquel bebedero de reclutas, aquella fábrica de borrachos, un hogar. Les aseguro que no lo era y que «tugurio» resultaba mucho más adecuado a la hora de definirlo. Como tal, hasta podía resultar simpático con sus cubatas de litro (botella de Coca-Cola vaciada un tercio para sustituir el brebaje original por ron o ginebra); sus bocadillos de mejillones de lata en escabeche; sus vermuts que de lejos parecían ser de la marca Martini, pero una vez en la barra comprobabas que sobre la copia de la etiqueta de prestigio ponía Martínez o Mari Trini; o su peculiar oferta de cigarrillos, que en cierta ocasión se redujo durante unos días a aquellos pitillos finos y alargados, como de pilingui de película de Esteso y Pajares, que nos hacían parecer ridículos y hasta sarasas a los viriles muchachotes que estábamos allí para servir a la patria.

En cualquier caso, las horas transcurridas en el Hogar del Soldado eran las mejores de la jornada, lo cual les dará una idea bastante aproximada del aburrimiento, el cansancio y las actividades absurdas que reinaban en el campamento mallorquín al que había ido a parar un servidor de ustedes por culpa de un oftalmólogo militar seriamente necesitado de revisar su propia vista. Enseguida descubrí que la mili iba de no hacer nada, pero hacerlo a la mayor velocidad posible. Te levantaban a las siete de la mañana (¿o era a las seis?), te administraban un desayuno infame y, hala, a triscar por el monte, o a ordenar un almacén (un día ponías a la izquierda lo que estaba a la derecha, y al siguiente, lo volvías a dejar como estaba antes de que entraras), o a pegar unos tiros (si había suerte, pues no era una actividad tan frecuente como sería sensato suponer). El caso era correr mucho, cansarse, sudar como un gorrino y llegar hecho caldo a la hora del almuerzo (la terapia incluía extraños momentos de suprema felicidad, que, en mi caso, puedo resumir en una rodaja de sandía que me supo a gloria en su momento y que sigo recordando a día de hoy como una de las mayores epifanías de mi existencia... Magro consuelo tras habernos cruzado en una carretera con un descapotable lleno de chicas en bikini, versión castrense de la secuencia del cruce de vagones de metro en *Stardust Memories*, de Woody Allen).

Del Hogar del Soldado se salía contento, no lo voy a negar, y había cierta melancolía agradable en el momento de formar para pasar lista antes de irse a dormir: a veces salía más gente de la cuenta y el chusquero de turno soltaba su gracia: «¿Qué, os habéis traído gente de Palma?». La estancia en el Hogar del Soldado te ayudaba a quedarte frito *ipso facto* y librarte así del previsible concierto de cuescos y ronquidos, aromatizado al olor de pies, con el que se regalaba la soldadesca. Lo primero que pensabas al despertar y ver que la pesadilla se ponía en marcha de nuevo era que te iba a dar algo si no salías de allí a la mayor brevedad posible. Sobre todo porque, para acabarlo de arreglar, me había ganado la antipatía del brigada Bernardino, un canario con alma de espartano que no perdía oportunidad de chincharme: le caían mal los periodistas y yo había cometido el error de reconocer que me ganaba la vida con ese oficio. Cuando le pedí permiso para visitar el hospital militar porque se me habían roto las gafas y necesitaba unas nuevas, me miró con absoluto desprecio y pronunció, *in crescendo*, las siguientes palabras: «No crea que no hemos tenido aquí antes a gente como usted. ¡¡¡Y han acabado todos haciendo más mili que el palo de la bandeeeeeera!!!».

El hombre se olía, con razón, que las gafas me las había cargado yo para que me volvieran a graduar la vista, lo hicieran bien esta vez y me echaran, reparando así la injusticia cometida conmigo en Barcelona. Aguanté el chaparrón como pude y solicité mi visita al oftalmólogo por el conducto reglamentario, que ya no recuerdo cuál era. El previsible aburrimiento era tal que había optado por los extremos: o me liberaban o me fusilaban.

89

ARDOR GUERRERO (Y III)

Tras graduarme la vista, el médico militar me preguntó: «¿Y usted qué hace aquí con cuatro dioptrías y media?». A lo que repuse algo parecido a «Yo también me lo pregunto, mi capitán». Evidentemente, no se me ofreció ninguna disculpa por la chapuza barcelonesa y se me devolvió al campamento con la seguridad de que mis días en el Ejército se habían acabado, aunque no se me dijese cuándo podría reintegrarme a la vida civil. Al parecer, unas extrañas reglamentaciones hacían que la expulsión no fuera inmediata y que tampoco tuviera una fecha concreta de aplicación. Y como faltaban pocas semanas para la jura de bandera, más me valía participar con entusiasmo en los preparativos de tan magna jornada, aunque poco después de ella, en fecha indeterminada, me pondrían en la calle. La lógica militar es así, amigos.

Empezaron entonces unos días absurdos en los que me iba y no me iba al mismo tiempo, convertido en una especie de soldado de Schrödinger que debía reintegrarse a su vida normal, pero no se sabía cuándo. Por una parte, la cosa resultaba exasperante. Por otra, te sentías invadido por una extraña tranquilidad y un ahí-me-las-den-todas que no resultaban en absoluto desagradables. Una mañana en la que me daba una tremenda pereza sumarme a los ejercicios habituales, me escondí debajo de la piltra a ver si reparaban en mi ausencia y venían a buscarme. No apareció nadie. Por la tarde, las torrijas en el Hogar del Soldado me resultaban especialmente querenciosas. Nadie me libró, empero, de los preparativos para la jura de bandera, consistentes en convertir a unas máquinas de matar en las alegres chicas de Colsada. De repente, todo eran ensayos del inevitable desfile, en los que volví a comprobar —como ya me había sucedido con el montaje y desmontaje del fusil reglamentario— la eficacia de la disciplina militar a la hora de hacer cosas que nunca pensaste que pudieras conseguir.

El sistema era el habitual: una mezcla de prisas, gritos y amenazas que, curiosamente, siempre alcanzaban su objetivo, aunque tú no entendieras cómo. Fue así como llegue al gran día desfilando de manera marcial, «propulsando el brazo tieso hasta la altura de la cabeza del compañero de delante» y manteniendo una mirada perdida, fría y feroz. Mis progenitores, mostrando por mis actividades castrenses el mismo interés que por las profesionales, se quedaron en casa (intuyo que mi padre, convencido de que encontraría alguna manera de hacer el ridículo y ponerlo en evidencia, debió de convencer a mi madre de que más valía no trasladarse a Mallorca). Como, a diferencia de mis compañeros más tarugos, no posé con el rifle en la mano para ninguna cámara y la foto oficial enviada al domicilio paterno se extravió en el correo, no queda constancia alguna de mi estancia en Son Dureta.

Unos días después de la jura de bandera, me echaron sin avisar y con cajas destempladas. Tras secuestrarme y hacerme perder el tiempo durante cerca de tres meses, ahora me expulsaban deprisa y corriendo y sin darme tiempo a despedirme de mis escasas amistades del campamento pagándome unas rondas en el Hogar del Soldado. En cosa de diez minutos, me había vestido de paisano, recogido mis bártulos y plantado en la entrada del acuartelamiento. Hasta para ser libre había que hacerlo a toda pastilla.

En fin, ya que estaba en Mallorca, me quedé unos días y así fue como logré atesorar el mejor recuerdo de mis días en el Ejército.

Estaba una noche en un bar de Palma, bastante cocido, cuando me crucé en la barra con mi querido brigada Bernardino. Le saludé con una sonrisa de palmo y me temo que debí de soltarle alguna inconveniencia, pues me lanzó una mirada asesina y me dijo que ya hablaríamos a la mañana siguiente en el campamento. No podía creer mi suerte: ¡el pretoriano canario no se había enterado de que me habían echado y ya no podía seguir amargándome la vida! Lo descubrió cuando le mostré la libretita blanca que representaba mi libertad y le dije que no volvería a verme el pelo por sus reales. Ese instante justificaba todo el aburrimiento y el cansancio de los meses anteriores y aún lo rememoro a veces a día de hoy, preguntándome qué habrá sido del bueno de Bernardino. ¿Ascendería alguna vez? ¿Puede que ya esté jubilado? ¿Pagaría alguien el mal humor en que yo lo había sumido durante nuestro breve encuentro en el bar?

Unos días después, volví a Barcelona, donde no tardé nada en darme cuenta de que tal vez había sobrevalorado la existencia en libertad. Pero eso ya es otra historia. La de mi vida, concretamente.

90

SALVADOR Y LOS PUNKS

Aunque el dato no figura prácticamente en ningún sitio, el primer libro sobre el punk británico de finales de los setenta no se lo debemos a un fotógrafo inglés o norteamericano, sino al barcelonés Salvador Costa (1948-2008), quien se cascó en el tiempo récord de tres noches las imágenes de su aproximación visual a un fenómeno sociomusical recién nacido y que, aunque efímero, se revelaría fundamental para devolver al rock a sus orígenes, como había hecho el *glam* a su manera a principios de la década de los setenta, pero sin la necesidad de dominar ningún instrumento. Según Malcolm McLaren, mánager de los Sex Pistols, para crear un grupo punk te bastaba con «cuatro tíos que no supieran tocar ni cantar y que se odiaran mutuamente».

A Salvador le pilló el estallido del punk en Londres, donde pasaba una temporada en casa de su primo segundo Jordi Valls, a quien el nuevo movimiento dejó sobrado de cuajo para convertirse, sin saber cantar, tocar ni componer, en el artista de música industrial conocido como Vagina Dentata Organ. Destetado en el estudio de Oriol Maspons, Salvador se fue a Londres a pasar unos buenos ratos con su primo y sin ningún plan artístico en la cabeza y se topó con la explosión sonora protagonizada por los Sex Pistols y los Clash. Jordi se lo llevaba de bares y conciertos cada noche y nuestro hombre, cámara al hombro, se encargó de inmortalizar lo que veía. Aunque retrató a Johnny Rotten, a los Stranglers o a los Jam, prefirió centrarse en el público, cuyas pintas eran de lo más fotogénico y novedoso. En solo tres noches de 1977 que se presumen moviditas, el amigo Costa reunió material suficiente para un libro que le acabó editando ese mismo año Juan José Fernández, mi jefe en la revista *Star*, flipando, como todos, ante la evidencia de que el primer libro en plasmar la aventura punk fuese obra de un tío de nuestra propia ciudad.

Conocí a Salvador en esa época y, aunque no lo traté en exceso, lo recuerdo como un tipo muy simpático que compartía con los del *Star* el amor al rock y la curiosidad por sus nuevas (y siempre en evolución) formas. Pese a su carácter visionario, el libro no fue un éxito de ventas, aunque ahora creo que se pagan auténticas fortunas por él: en su momento, Salvador se los enviaba de veinte en veinte a su primo en Londres y a este se los quitaban de las manos en la librería donde los dejaba. Una ciudad normal hace años que habría montado una exposición con el material del libro y lo hubiera reeditado a modo de catálogo, pero nadie ha dicho que Barcelona sea una ciudad normal, y mucho menos desde que cayó, como toda la comunidad, en manos del nacionalismo. Puede que en Madrid celebren a fotógrafos como Alberto García Alix y Miguel Trillo, pero aquí hemos pasado del pobre Salvador como de la peste. Me tienta la posibilidad de ejercer de comisario de arte y lanzarme a encontrar un lugar donde las imágenes de Salvador se muestren como se merecen, pero aún recuerdo mis intentos fallidos de montar una exposición sobre el *underground* barcelonés de la Transición y cómo se me torearon destacados capataces de la cultura oficial y se me quitan las ganas. Total, aún conservo mi ejemplar de *Punk* y puedo hojearlo cuando me venga en gana.

Entre el 78 y el 82, Salvador se convirtió en el fotógrafo de cabecera de La Banda Trapera del Río, el único grupo realmente punk que ha dado la ciudad satélite de Cornellà y, si me apuran, toda España. Solíamos cruzarnos en los conciertos y juraría que era el único miembro de la audiencia que siempre conservaba la sobriedad: si bebía y se drogaba, como todo el mundo, lo disimulaba a la perfección. Luego nos fuimos perdiendo de vista y solo sabía de él por lo que me contaba Juanjo Fernández. Creo que fue él quien me informó de que sufría una enfermedad neurodegenerativa que se lo acabaría llevando al otro barrio hace doce años. El hombre adecuado en el momento preciso, Salvador supo reconocer lo que tenía delante y lo plasmó para la eternidad.

Debería aparcar la galbana y ponerme a montarle esa exposición. Se la debemos los chicos de la Transición, aunque ahora nos hayamos convertido para algunos en los siniestros representantes del ominoso régimen del 78.

91

DESDE LA VENTANA DE *EL VIGÍA*

Tras una existencia de 125 años, el diario *El Vigía*, dedicado a la información portuaria barcelonesa, en un principio, y ampliando sus áreas de interés al transporte y la logística, después, dejó de salir el año del coronavirus. Nunca lo compré. Nunca lo leí. Nunca visité su redacción. Para mí era como un estado mental y me gustaba imaginar unas oficinas cutres en el puerto de mi ciudad, con un despachito aún más cutre para el director, pero acogedor y con vistas al mar y una jornada laboral no muy larga. Me gustaba pensar en la doble vida que podría llevar el director de *El Vigía*, cumpliendo con su rutina profesional, que le permitiría mucho tiempo libre para dedicarlo a la literatura. Y podría haber averiguado en qué consistía la existencia del director de *El Vigía*, pues en 1985 le cayó el cargo a un tipo que había ido a la universidad conmigo y no me habría costado nada llamarlo y hacerle una visita en la redacción. Pero tampoco lo conocía tanto. Y era muy posible que la realidad no tuviera nada que ver con la imagen de *El Vigía* que yo me había construido mentalmente y que tanto me gustaba. Trabajar allí me sonaba a una existencia a lo Fernando Pessoa, discreta, sin ambición profesional ni social, entre segura y apolillada, lo más parecido a retirarse a un monasterio sin salir de Barcelona. Nunca supe la dirección de *El Vigía* ni se me ocurrió visitarla: yo había creado en mi mente la redacción ideal, que era en blanco y negro y, sobre todo, tenía vistas al puerto y al mar. Mi creación favorita era el despacho del director, con sus muebles anticuados, sus lámparas de pantalla verde, su máquina de escribir (de la que podían salir obras inmortales y seudodespachos de agencia sobre la actividad portuaria) y su ventana, a la que asomarse para fumar y mirar el mar.

Cuando le cayó el cargo de director al compañero de universidad, pasé unas semanas dándole vueltas al tema y hasta envidiándole un poco. Se me había metido en la cabeza que un trabajo así era ideal para desarrollar una carrera literaria. Y que me estaba equivocando con mi vida de colaborador en prensa escribiendo sobre música pop, cine, cómics y demás asuntos para *moderniquis*. Y que para construir una carrera literaria seria más me valdría optar por un trabajo de apariencia monacal que me dejara mucho tiempo libre y pasara de divertirme con la vida de tarambana intelectual que llevaba, pues no era ese el camino a la gloria. Aunque no tardé mucho en asumir la *long and winding road* que había empezado a recorrer en los años del *underground*, de vez en cuando volvía mentalmente a *El Vigía* y pensaba si seguiría allí de director el viejo compañero de Bellaterra.

Cuando el diario cerró definitivamente una trayectoria que empezó en 1895, me gustó imaginar que mi viejo camarada, que está en la edad de la jubilación, igual que yo, sumaba su suicidio como periodista a la muerte del medio de comunicación al que dedicó toda su vida. Lo más probable es que el director fuese otro desde hacía un montón de años, pero mi versión de los hechos me gustaba más. Por eso imagino a mi excamarada recogiendo sus cosas, apagando la lámpara de pantalla verde y asomándose por última vez a la ventana para observar el mar, los barcos mercantes y el movimiento de los estibadores mientras fuma un cigarrillo que no debería fumar porque tal vez tuvo un infarto que nadie entendió —¿con esa vida tan tranquila?— y que le ganó la prohibición médica de echar humo. «Yo podría haber sido ese hombre», me digo, «yo podría haber llevado esa otra vida. ¿Habría sido más feliz o mejor escritor?».

Ahora que lo pienso, el cierre de *El Vigía* no me afecta porque era un estado mental. Siempre conservaré, pues, el despachito de la lámpara de pantalla verde y la ventana con vistas al mar. Lo más probable es que ese despachito no haya existido nunca, ¿pero a mí qué más me da?

92

EL HOMBRE QUE NUNCA ENCAJÓ

Leo un artículo del lumbreras de la CUP David Fernández sobre Xavier Vinader (Sabadell, 1947–Barcelona, 2015) y tengo la impresión de que no habla de la misma persona que yo conocí. El guía habitual de Arnaldo Otegi por Barcelona —conocido como *el chófer*, aunque no tiene carné de conducir y sus labores siempre fueron básicamente de lamebotas— parece considerar al difunto uno de los suyos, cuando yo no recuerdo en ningún momento de nuestra esporádica relación la más mínima declaración de principios a favor del independentismo. Lo bueno de los muertos es que no te pueden llevar la contraria, evidencia aplicable también a este texto, todo hay que decirlo. En cualquier caso, el Vinader que yo recuerdo se interesaba por temas más universales y trascendentes, los que —me temo— lo acabaron conduciendo a la irrelevancia profesional durante los últimos años de su carrera: si se hubiera apuntado al *prusés*, como juiciosamente hicieron Fernández y tantos otros, no hubiese acabado con un programa de radio de escasa audiencia en una emisora que ya no recuerdo y al que me invitó en cierta ocasión, que me aspen si me acuerdo para hablar de qué.

En principio, Vinader y yo no teníamos nada que ver. Él era un pilar del periodismo comprometido de la Transición y yo un tarambana criado en la prensa *underground* que escribía sobre música pop, cómics y asuntos contraculturales en general. No sé por qué, nos caímos bien. Y aunque nuestra relación fue esporádica, siempre estuvo marcada por una simpatía mutua. Alguien que había investigado a la extrema derecha española desde la revista *Interviú* lo más normal era que se dedicara a mirar por encima del hombro a un insensato que había accedido al oficio a través de *Star* y *Disco Exprés*. Me temo que me consideraba una persona muy lúcida sobre la evolución de la democracia española (y su remedo nacionalista en Cataluña), cuando lo mío era una mezcla de desprecio, aburrimiento y cierta petulancia disfrazada de esperpéntica lucidez.

Vinader se hizo célebre viviendo peligrosamente. Mucho de lo que publicó en *Interviú* —volveremos sobre esta revista (yo diría que definitoria) de la Transición— le trajo problemas. Por tres artículos sobre la extrema derecha en el País Vasco publicados en 1979 le cayeron siete años de cárcel que le obligaron a darse el piro a París una temporadita (acabó cumpliendo dos meses y siendo amnistiado por el Gobierno de Felipe González). Le acusaron de inductor al asesinato porque dos personajes mencionados en dichos artículos fueron eliminados por ETA, que no creo que necesitara de los servicios de Vinader para deshacerse de quienes le caían mal, pero, como chivo expiatorio, nuestro hombre era impecable, empezando por su mera presencia física, que sacaba de quicio a los ultras (Xavier sufrió de niño la polio y fue siempre un adulto bajito y contrahecho, de notable joroba, a cuya decadencia física fuimos asistiendo todos los que le tratamos: del bastón a las muletas, de las muletas a la silla de ruedas, de la silla de ruedas al otro barrio).

Si había sido incómodo durante la agitada Transición, Vinader siguió siéndolo en la democracia. Periodista sin pesebre, siguió a lo suyo —llegó a presidir entre el 90 y el 93 Reporteros sin Fronteras a nivel internacional—, pero cada vez con mayores dificultades. Fue como si la sociedad le diera las gracias por sus desvelos previos, pero no supiera qué hacer con él en el presente. Dejó de escribir en *Interviú* y empezó a enlazar trabajos radiofónicos que no se emitían precisamente en horario de máxima audiencia. Como esos cantautores antifranquistas que, de repente, no podían competir con el brillo de la Movida y la nueva modernidad española, Vinader sufrió un largo proceso de marginación que le acompañó hasta la muerte. Si se hubiese hecho independentista de la noche a la mañana, como tantos otros y como sugiere Fernández, no habría acabado en ese estudio pequeño y cutre al que se trasladaba en silla de ruedas con progresiva dificultad.

Tengo la impresión de que a Vinader se le utilizó mientras les fue de utilidad a algunos y que luego se le dejó caer por no apuntarse a ninguna opción política ganadora. Solo es una teoría personal, pero me resulta más verosímil que la del inefable lumbreras de la CUP que tan bien ejerció de mayordomo de Otegi en sus visitas a mi ciudad.

93

LA TRANSICIÓN EN EL SALÓN DIANA

Puede que el fantasma de la acracia barcelonesa todavía ronde por el Polideportivo Can Ricart, entre las calles de Sant Pau, Sant Oleguer y Tapias, pero solo podrán captar su presencia quienes recuerden que, en ese mismo sitio, cuando la Transición, tuvo sus reales el Salón Diana, local alternativo dedicado al teatro, la música, el circo, el debate y lo que hiciera falta entre los años 1977 y 1979. Su director espiritual fue el actor y director teatral Mario Gas y, durante su breve existencia, fue el club oficioso del *underground* local —junto al Zeleste de Víctor Jou— bajo el reinado de la Asamblea de Trabajadores del Espectáculo. En el Diana tuvieron lugar, por ejemplo, los debates de las célebres Jornadas Libertarias del verano de 1977 —organizadas por la CNT, la revista *Ajoblanco* y diversas asociaciones de degenerados sociales y políticos—, que constituyeron uno de los puntos álgidos del bendito sindiós que se instaló en mi querida ciudad hasta que llegó el comandante Pujol y mandó parar.

Las Jornadas Libertarias se celebraron en el Parque Güell y duraron cuatro días de julio. Puede que algunos de los cerca de 500.000 seres humanos allí reunidos se tomaran en serio el anarquismo, la acracia y demás quimeras, pero la mayoría de los asistentes se dedicó a hacer el ganso sin tasa en aquella Barcelona que no se sabía muy bien a dónde iba y en la que todo el mundo ignoraba —empezando por las autoridades— qué estaba prohibido y qué no. Como lo del Parque Güell era un guirigay desquiciado, los debates sociopolíticos se hicieron en el Diana por cortesía de Mario Gas y la rimbombante Asamblea de Trabajadores del Espectáculo.

El Salón Diana nació en 1912 como sala de exhibición cinematográfica: ahí se estrenó el clásico de Rudolfo Valentino *El hijo del caíd*. Justo al lado estaba otro cine también desaparecido, el Monumental, que ha pasado a la historia canalla de la ciudad por haber albergado a las más eficaces pajilleras de la posguerra. En el Diana también se hacían guarradas, pero fluidas, pues abundaba el público homosexual en los pases. Así fue hasta 1977, año en que el cine cerró como tal y se convirtió en el Salón Diana del amigo Gas, secundado por su colega Carlos Lucena.

Por el Diana pasó Dagoll Dagom cuando no era la fábrica de hacer churros indigestos que es ahora. El payaso norteamericano Jango Edwards —que pasó una larga temporada en Barcelona sin conseguir aprender jamás ni una palabra de español— se dio a conocer en la ciudad desde el escenario del Diana. Fue allí donde Jaume Sisa presentó su doble álbum *La catedral*, y donde actuaron grupos del incipiente punk local como los Mortimer o La Banda Trapera del Río. En la Semana Santa de 1977 actuó el mítico Living Theatre de Julian Beck y Judith Malina. Y todo fue muy divertido, muy estimulante y, sobre todo, muy alternativo hasta que el ayuntamiento se hizo con el edificio en cuyos bajos se encontraba el Diana (una antigua fábrica conocida como Can Ricart) y lo convirtió en el actual polideportivo por el que solo los más avisados pueden captar la presencia del espíritu de la acracia barcelonesa de cuando la Transición. Es posible que, ya en su momento, dicho espíritu fuese más un fantasmón que un fantasma, pero tuvo su gracia.

94

NI NEGRO NI CRIMINAL

Paco Camarasa (Valencia, 1950–Barcelona, 2018) era blanco e incapaz de matar ni a una mosca, por lo menos, en la vida real. En la literaria, vivió felizmente instalado en un mundo de crímenes más o menos horrendos durante toda su vida, dado su amor a la novela policiaca en todas sus variedades. Fue ese amor el que le llevó a crear en su barrio barcelonés de adopción, la Barceloneta, la librería especializada Negra y Criminal, que se mantuvo (con altibajos) operativa entre 2002 y 2015, año en el que Paco y su mujer, Montse Clavé, tiraron la toalla y se dieron cuenta de que nuestra ciudad no daba para mantener un negocio como el suyo. Tampoco da para disponer de esas librerías en inglés que hay en París, tal vez porque nuestros queridos turistas no son mucho de leer y lo que de verdad agradecen de nosotros es que nos hayamos convertido en la playa de Europa (aunque con ínfulas cosmopolitas que a ellos se la pela, eso sí). Cuando la librería de Paco y Montse cerró, los barceloneses que leemos (y hasta los que no) nos entregamos a uno de esos autos sacramentales que tanto nos gustan, lamentando el triste deceso, preguntándonos cómo había sido posible y, al cabo de un tiempo, volviendo a nuestras cosas tras asistir a una de esas típicas situaciones cuyo subtexto es siempre el mismo: entre todos la mataron y ella sola se murió.

Reconozco que yo también contribuí a tan luctuoso momento. Como esclavo del Ensanche —cada día cuesta más sacarme de mi barrio, sobre todo si no has traído una grúa para moverme—, solo fui un par de veces a la librería de Paco y Montse, y una de ellas, si no recuerdo mal, fue para beneficiarme del aperitivo de los sábados en Negra y Criminal, consistente en mejillones y vino blanco. Me gustaba especialmente la sección de antiguallas —ahí encontré dos novelas descatalogadas de mi admirada Margaret Millar, que siempre me pareció más interesante que su célebre marido, Ross McDonald—, pero lamentaba que no hubiera una buena provisión de libros en francés y en inglés y que el material consistiera, básicamente, en lo mismo que podías encontrar en los establecimientos habituales del ramo, situados generalmente más cerca de casa. A veces pienso que esa fue la causa del hundimiento de Negra y Criminal, la falta de propuestas difíciles de encontrar en otros sitios, cuya adquisición —incluso en la era de Amazon y la venta *online*— habría justificado más el desplazamiento a la Barceloneta de los esclavos del Ensanche. Lo cual no quita para que el cierre de la librería me produjera tristeza y culpabilidad al mismo tiempo.

Además de la librería, Paco fue también el creador de BCN Negra en 2005, certamen que empezó de manera modesta, pero acabó convirtiéndose en la importante cita del género que es en la actualidad (un año hasta apareció Andrea Camilleri, que no se movía de Italia ni que lo mataran, gracias a su relación de amistad con Paco y Montse). Durante el año del coronavirus se creó el premio Paco Camarasa, que otorgan los responsables de todos esos festivales dedicados a la novela negra que han ido surgiendo últimamente a rebufo del que se sacó Paco de la manga y que dirigió prácticamente hasta su muerte.

Nunca fuimos amigos íntimos, pero siempre le tuve afecto a distancia y quiero creer que ese afecto era mutuo. Solía cruzármelo por el Salón del Cómic de Barcelona y siempre quedábamos para comer algún día, cosa que nunca llegó a pasar. Ahora pienso que debería haber hecho algún esfuerzo suplementario para cultivar su amistad. Me falló la solidaridad entre frikis, que solo se activó cuando murió, al pensar que nos habíamos pasado la vida defendiendo cosas —la novela negra, los cómics— de esas que a la gente le ha llevado décadas tomarse mínimamente en serio. La ciudad, por su parte y como suele, se olvidó de Paco y de su librería, de los que ya solo hay referencias en los artículos que se publican cada año durante la celebración de BCN Negra. Le sobreviven su mujer y socia y su particular inventario del género, *Sangre en los estantes*, completísimo libro de consulta que redactó en sus últimos tiempos. Librero y librería son ya dos fantasmas más de la Barcelona reciente, de esa ciudad que, como tantas otras para otra gente, va dejando no muy lentamente de existir.

95

CABALLO VIEJO

Durante los pocos años que pasó en este planeta, Jordi Vendrell (Manlleu, 1947–Barcelona, 2001) tuvo como principal misión divertirse y divertir a los que nos cruzamos con él, tocando para ello todos los palos que le pusieran por delante y que se distinguieran por aportar cierto entretenimiento a quien los practicara. Al Vendrell te lo solías encontrar por Zeleste a altas horas de la noche dándole al *whisky* que daba gloria verlo y repartiendo perlas de sabiduría entre todos los que se le acercaban. En teoría, lo suyo era la radio (había empezado en Radio Juventud en los tiempos de José María Pallardó y Jordi Estadella, alias Tito B. Diagonal, cuando aquella emisora de la Vía Augusta era lo más moderno que había en la Barcelona del final del franquismo), donde se hizo el amo a principios de los ochenta en la recién creada Catalunya Ràdio gracias a un programa titulado *El lloro, el moro, el mico i el senyor de Puerto Rico*, cuya sintonía —la canción del salsero cubano Roberto Torres «Caballo viejo», a cuyo autor le cayeron los ochenta el funesto año del coronavirus— se hizo célebre y hasta llegó a ser versionada por el mismísimo Julio Iglesias (aunque en un *medley*, que solo entendía él, con el «Bamboleo» de los Gipsy Kings).

A Jordi le gustaban mucho los ritmos sabrosones en general, y la salsa en particular. Por eso, durante una de sus encarnaciones, la de productor musical, fue el responsable de *Carabruta*, el primer elepé de su amigo Gato Pérez (al frente del sello Ocre, también se encargó de publicar al valenciano Pep Laguarda con su álbum *Brossa d'ahir*). Eso sucedía a finales de los setenta en la Barcelona alternativa del *underground* de la Transición, al igual que mis encuentros etílicos con Vendrell en Zeleste a horas impropias. Durante sus años de gloria en Catalunya Ràdio a los sones de «Caballo viejo», ya no me lo crucé tanto. Con sus dos compañeros de programa, Quim Monzó y Ramon Barnils (que en paz descanse, él y nosotros) montó una entelequia artístico-profesional denominada La Mercantil Radiofónica y se fue convirtiendo —las malas compañías es lo que tienen— en un precursor del *lazismo* que ahora impera en mi querida comunidad autónoma. Pero si te topabas con él, guardaba las formas, al igual que Monzó. No puedo decir lo mismo del señor Barnils, exprofesor mío en la universidad y ácrata simpático reciclado en energúmeno nacionalista, que siempre me mostró una profunda hostilidad («A ti no te podía ni ver. Le sacabas de quicio», me comentó en cierta ocasión nuestro común amigo Sergi Pàmies). No tengo la menor duda de que si alguien le metió en la cabeza al Vendrell todas las chorradas *lazis* habidas y por haber, ese fue Barnils, a quien mi amigo Ignacio Vidal-Folch aún recuerda entrando en el bar Thales dando gritos a favor de ETA tras el último asesinato de aquella banda de criminales patrióticos (una noche, en Bocaccio, aprovechando que todos estábamos muy cocidos, Sergio Vila-Sanjuán y yo le pusimos la zancadilla tras una discusión no muy agradable y se dio un buen morrón: no es para estar orgulloso, pero así iban las cosas a veces en aquellos tiempos del cuplé).

Fuese por el *lazismo* o por otros motivos, fui perdiendo el contacto con Vendrell, que siempre me había parecido un sujeto sensacional. Las últimas veces que me lo crucé fue en la consulta de un acupuntor al que yo visitaba para dejar de fumar y él para ver si le echaba una mano con una enfermedad muy jodida que le había echado el guante encima y no lo soltaba. Tras meses sin saber nada de él, le pregunté al acupuntor y me dijo que acababa de fallecer. Lo primero que me vino a la cabeza fue la canción de Roberto Torres «Caballo viejo».

96

BUKOWSKI EN LA RAMBLA

Solo hablé con él una vez, en un bar de la parte baja de la ciudad cuyo nombre no recuerdo (si es que alguna vez lo supe), a altas horas de la noche y en un estado compartido de etilismo casi comatoso. Evidentemente, no sé de qué hablamos, solo recuerdo que me pareció un tipo simpático que, tal vez, se excedía un tanto en su culto al malditismo, que en su caso adquiría rasgos de militancia.

Se llamaba Raúl Núñez, había nacido en Buenos Aires en 1946 y reventaría a los 50 años en Valencia, a donde se había trasladado a finales de los ochenta, intuyendo, quizás, una gentrificación aterradora que en aquellos momentos nadie más captó, seguramente porque ni estaba ni se la esperaba. Había llegado a Barcelona en 1971 y aquí ejerció de poeta (y novelista) maldito de los de manual, escribiendo en bares, comiendo en figones donde le fiaban y bebiendo a diario. Se le consideraba una especie de Bukowski porteño (algo que a él no le desagradaba), tanto entre quienes alababan sus poemas como entre los que les parecían canciones de Bob Dylan mal traducidas (Oriol Tramvia musicó unos cuantos, pero no llegó a grabarlos: Oriol también ha sido siempre un maldito, pero, en este caso, a su pesar). Nunca supe si llegó con el personaje puesto o si se lo fabricó en Barcelona, pero todo parece indicar que lo conservó hasta el final: cuando murió en Valencia, el funeral lo tuvo que pagar la *Cartelera Turia*, donde publicaba su sección «El aullido del mudo», y sus cenizas se quedaron esperando en la redacción a que alguien se presentara a recogerlas, cosa que no sucedió jamás.

Pese a su vocación de maldito, las cosas no le fueron demasiado mal como novelista. Su primera ficción, *Derrama whisky sobre tu amigo muerto*, se la publicó en 1979 mi amigo y jefe Juan José Fernández en la colección de libros que editaba la revista *Star*. Su segunda (1984) y tercera (1986) novelas fueron acogidas por Jorge Herralde en Anagrama y, sin alcanzar la categoría de *best sellers*, tuvieron cierta repercusión y hasta fueron adaptadas al cine: mi querido Paco Betriu se encargó de *Sinatra* y Ventura Pons de *La rubia del bar*. Tal vez por eso se fue a Valencia a finales de los ochenta, porque Barcelona lo trataba demasiado bien y así no había manera de ejercer de maldito de forma no lesiva para la autoestima. Alguien me dijo que el dinero del cine le sirvió para pagar deudas y seguir pimplando. Suena verosímil. Y puede que Valencia fuese un entorno más adecuado para su malditismo vocacional: su cuarta novela, *A solas con Betty Boop* (1989), la publicó una pequeña editorial llamada Laia; la quinta y última, *Fuera de combate*, la terminó poco antes de morir y permanece inédita a día de hoy.

Cada vez quedan menos bares en Barcelona como los que le gustaban a Raúl. Ese cutrerío algo canalla en el que él se encontraba tan a gusto ha ido desvaneciéndose a bastante velocidad desde las Olimpiadas del 92 hasta el momento presente, marcado por el delirio nacionalista y la propia decadencia de la ciudad. Si paso frente a un garito especialmente churroso, uno de esos que no han caído ante la seudomodernidad de esta mezcla de Manhattan y Lloret de Mar en la que sigo viviendo, aunque ya no sé muy bien por qué, me resulta muy sencillo insertar mentalmente en la barra a aquel argentino atrabiliario que fue nuestro Bukowski durante casi veinte años y que ahora no encontraría a nadie que le alquilara un apartamento o le fiara una copa.

97

EL GRAN CASAVELLA (I)

Tras el primer cierre de *Cairo*, nos fuimos de Norma Editorial dando un portazo, que es lo que hacíamos por aquellos tiempos del cuplé personajes como Joan Navarro, Ignacio Vidal-Folch y yo mismo, genuinos *cracks* de la dimisión espontánea e intempestiva. Navarro alquiló un pisito en la calle Consejo de Ciento, no muy lejos de la sede de Norma en el paseo San Juan, y desde ahí nos lanzamos a la reconquista del mundo del cómic, que no obtuvo los resultados apetecidos —allí se fraguó el desastre de la revista *Complot* y el hundimiento del mítico *TBO*, que Javier Nieto, CEO de la moribunda editorial Bruguera, dejó en nuestras manos, ¡Dios lo bendiga y le conserve la vista!—, pero nos sirvió para cultivar nuestras quimeras durante cierto tiempo y, sobre todo, recibir la visita de personas en general interesantes. Uno de los que más aparecía por el pisurrio era un simpático jovenzuelo al que acabábamos de conocer —se me acercó en el viejo Zeleste para hacerme una entrevista para un *fanzine* y surgió entre ambos una simpatía instantánea que me condujo a socializarlo en vez de quedármelo para mí solo— y que se llamaba Francisco García Hortelano, igual que el novelista al que tanto admiraba. Como también quería ser escritor, se hacía llamar Francisco Casavella.

En aquellos viejos tiempos, Casavella, que ya había abandonado los estudios de Filosofía y Letras en la Universidad de Barcelona, trabajaba como botones en una oficina de La Caixa. Era
evidente que no pretendía hacer carrera en tan respetable institución, pues había llegado a tal dominio en la práctica del escaqueo
que aprovechaba las salidas del curro con el encargo de hacer
recados para acercarse por La Casa de los Enanitos —así había
bautizado Victoria Bermejo, entonces esposa de Navarro, el ha-
bitáculo, aunque nunca supe por qué—, donde nos encontraba a
sus habitantes planeando algo imposible, jugando al Risk en momentos de aburrimiento y desesperación o mano sobre mano y
hablando de nuestras cosas.

A todos nos parecía un chaval estupendo. De hecho, nunca
conocí a nadie al que no se lo pareciera. Y llevaba una vida extraña —con sus recados en diferido y su habilidad para perderse
por Barcelona—, pero que obedecía a una lógica tan aplastante
como entretenida: por las mañanas, hacía como que trabajaba
para un banco; por las tardes escribía o tomaba notas para la
que sería su primera y magnífica novela, *El triunfo* (1990); y por
las noches, ya fuese con sus amigotes del Poble Sec o con sus
nuevos compadres (los habitantes de La Casa de los Enanitos, el
periodista Llàtzer Moix y algunos más), frecuentaba bares —a
ser posible, con mesa de billar americano, en el que era un maestro, aunque a mí se me escapara a veces alguna bola y a punto
estuviera de descerebrar a alguien— y se ponía (nos poníamos)
hasta arriba de alcohol. Fuimos durante años compañeros de copas que intercambiaban ideas y comentarios sarcásticos y reco-
mendaciones literarias, cinematográficas y musicales (Casavella
siempre fue muy fan de los Clash y de los Specials). Y si dejé de
verle con la frecuencia habitual fue porque yo eché el freno en la
ingesta etílica y él metió la directa hasta que reventó en diciembre

de 2008, el mismo año en que ganó el Premio Nadal con *Lo que sé de los vampiros*.

Pero, en los tiempos de La Casa de los Enanitos, aún faltaba mucho para tan trágico final y nuestro hombre iba francamente bien encaminado. *El triunfo* cosechó unas merecidísimas buenas críticas y, tras años de tiras y aflojas presupuestarios, acabó siendo llevada al cine por la actriz Mireia Ros en su faceta de directora. En 1995, Casavella escribió el guion de *Antártida*, el primer largometraje del televisivo Manuel Huerga, que no fue un *blockbuster*, pero tampoco lo pretendía, pues se trataba de conmover al espectador y eso siempre trae problemas en taquilla. La cabeza le bullía de historias que explicar, la mayoría de las cuales se ha quedado en el tintero. Lo dejo, de momento, en esa etapa bendita de la iniciación, que dirían los franceses, tras el estreno de *Antártida* y el control de las sustancias recreativas. Mucho antes de que todo empezara a torcerse y acabase como el rosario de la aurora.

98

EL GRAN CASAVELLA (II)

Francisco es el único dipsómano que he conocido que jamás perdía el apetito. Mientras yo picoteaba de mi plato, desperdigando la comida en espera de la siguiente cerveza, él se apretaba unos entrecots de medio kilo que daba gloria verlos. También es el bebedor más trabajador que me he cruzado en esta vida. Cuando se ponía a escribir, no había quien lo sacara de la silla. De hecho, alternaba períodos de desparrame con largas semanas en las que solía trasladarse al apartamento de sus padres en Roda de Barà —frecuentemente en invierno, cuando allí no había ni Dios y solo se podía conversar con el espantoso busto de Luis del Olmo que hay en la zona y del que tanto nos habíamos reído— y escribir todo el día sin pensar en salir de casa para tomarse unos tragos. Así fabricó sus estupendas novelas hasta el final. Una de ellas tiene uno de los mejores títulos que yo haya visto jamás: *Un enano español se suicida en Las Vegas.* Y la redacción de los tres tomos de *El día del Watusi* solo puedo calificarla de heroica.

Cuando le dio el primer patatús, se tiró una semana en el hospital, no muy lejos de Enrique Vila-Matas, que pasaba por un trance semejante. A ambos les dijeron los médicos que, a partir de entonces, no se acercaran ni a un bombón de licor (sugerencia que, según Enrique, también le habían hecho en su momento a su querida Marguerite Duras). Vila-Matas hizo caso de la advertencia y, a día de hoy, sigue sobrio como una colegiala (por usar una expresión muy del agrado de P. G. Wodehouse). Casavella se portó bien durante un tiempo, pero era evidente que la abstinencia lo mortificaba: era como un coche de carreras que, de repente, se ve obligado a circular a una velocidad máxima de 40 kilómetros por hora. Siempre que me lo crucé en esa época lo encontré triste, aburrido, como carente de estímulos, aunque supongo que su novia agradeció el cambio. Cada vez que se enamoraba y era correspondido, Francisco pasaba unos meses formidables hasta que algo en él hacía clic y lo devolvía al (supuesto) mal camino. De repente, salía una tarde a dar una vuelta y volvía a casa al cabo de tres días, algo que no hay mujer que resista. A veces, volvías al bar en el que habíais estado bebiendo la víspera y te lo encontrabas en el mismo taburete, con un vaso en la mano y riéndose de sus propios chistes, que nadie más entendía porque a esas alturas nuestro hombre andaba ya por un rincón inexplorado de Alfa Centauri.

Algunos desustanciados consideraban a Francisco un simpático borrachín. A mí me recordaba al protagonista de «El cantante», el tema de Rubén Blades que popularizó Héctor Lavoe, ese hombre al que todos felicitan por estar «siempre con hembras y en fiesta», pero que se queja de que «nadie pregunta si río o si lloro, si tengo una pena que hiere muy hondo». O al narrador de la canción de Kevin Ayers «After the show», que se pregunta quién lo llevará a casa después del espectáculo y le dejará que baile y la abrace hasta que se haga de día.

Cuando murió su padre, un señor de Cuenca llamado Gisleno García, del que siempre me había hablado con mucho cariño, Francisco se vino abajo. Cuando me contaron que se le había vuelto a ver por aquellos bares en los que lo dejabas porque ya no podías con tu alma y te lo encontrabas en el mismo taburete a la siguiente noche, empecé a temerme lo peor. Y, lamentablemente, acerté.

99

EL GRAN CASAVELLA (Y III)

Navidades de 2008. Estaba haciéndome la bolsa para viajar a Nueva York al día siguiente cuando sonó el teléfono. Me llamaban del diario en que colaboraba, *El Periódico de Catalunya*, para pedirme una necrológica de urgencia de un escritor barcelonés que se acababa de morir de un infarto fulminante y que creían que era amigo mío, un tal Francisco Casavella. La noticia me sentó como un tiro, pero mentiría si dijera que me sorprendió: desde que recayó y volvió a los desfases de tres días fue como si hubiera entrado en una fase de autodestrucción que podía durar más o menos antes de cumplir con su objetivo.

Escribí la necrológica —que luego sería voluntariamente malinterpretada por algunos imbéciles de esos que disfrutan subiéndose encima de un muerto para parecer más altos—, me fui a dormir y a la mañana siguiente partí para Nueva York, un viaje que me podría haber ahorrado perfectamente: mi mujer, M., con la que tan buenos momentos había pasado en la Gran Manzana, me había plantado en verano, así que había algo de masoquismo en esa voluntad de volver a recorrer a solas los sitios en los que tan feliz había sido acompañado. La nostalgia y la sensación de pérdida no me abandonaron durante toda mi estancia. Y cuando me olvidaba de M., era para asistir a la aparición de Francisco, que tomaba el relevo. De hecho, las presencias que más recuerdo de esos días son las de la mujer que me había dejado y el amigo que se acababa de morir: habría ahorrado dinero y momentos de tristeza si me hubiese quedado hablando con ambos ectoplasmas en casa, francamente.

La idea que más me venía a la cabeza con respecto a Francisco era la de si no podría yo haber hecho algo para intentar sacarle del camino que había emprendido en sus últimos meses. Lo habíamos hablado con Ignacio Vidal-Folch, argumentando que, en nuestra condición de exdipsómanos, estábamos muy cualificados para darle un toque de atención al muchacho, pero llegando a la conclusión de que este ya tenía una edad y no necesitaba ni nuestros consejos ni los de nadie. No sé si lo nuestro fue lucidez o vagancia, pero siempre me he quedado con la impresión de que debería haber hecho algo más que asistir desde una prudente distancia al suicidio de Casavella.

Unos días antes de diñarla, Francisco habló por teléfono con un amigo común, el músico Pedro Burruezo, quien luego me resumió la conversación mantenida: Casavella se había pulido la pasta del Nadal, no sabía cómo salirse del alcohol y las drogas, y experimentaba algo muy parecido a la desesperación. Cuando las falsas *viudas* a las que aludí unas líneas más arriba intentaron buscarme la ruina enviando una carta al director de *El Periódico* para que me despidiera —si supieran lo que el difunto pensaba de ellos, se les habrían quitado las ganas de ejercer de viudas—, se apuntó algún espontáneo para ponerme verde y acusarme de envidioso y pintar un retrato de Francisco como alegre beodo que no tenía nada que ver con la realidad. Se trataba de ocultar ese lado oscuro que aparecía en mi artículo y que algunos tomaron por el juicio moral de un rencoroso. Me llegó que su novia —que estaba a punto de plantarlo— iba echando pestes de mí. Como su madre, que aseguraba que me había echado varias veces de comer en su casa, aunque yo no la había visto en mi vida y era evidente que me confundía con otro.

Francisco nunca había estado en Nueva York. Viajar era algo que le traía bastante sin cuidado. Me alegra haber estado con su fantasma en algunos bares de Manhattan, ayudándome a relativizar las consecuencias de mi divorcio con algunas reflexiones suyas que tenía guardadas en mi disco duro. Me gustó que Destino creara un premio literario con su nombre, pero me cabreó que dejaran de convocarlo al cabo de pocos años, como si la cosa fuese un trámite ya cumplido. Me gusta que aún se le lea y soporto estoicamente a todas esas viudas que le salieron al morir con la esperanza de crecer unos centímetros al encaramarse a su cadáver: lamento tener que decirles que no lo han logrado.

100

EL ANARQUISTA AFABLE

Mientras redacto estas líneas, recuerdo el último momento de genuina irritación experimentado por cortesía de TV3, nuestra ya de por sí irritante cadena autonómica. Se acababa de morir de un ictus mi viejo amigo Tom Roca (Barcelona, 1953-2021), trabajador de la casa, e improvisaron un supuesto homenaje al difunto, como si realmente lo apreciaran. Comentaron que había producido el documental de Carlos Bosch *Balseros*, por supuesto, pues para algo estuvo nominado al Oscar, pero nada dijeron de que llevaba más de un año de baja por depresión porque lo tenían completamente marginado o condenado a cometidos en los que no se le hacía el menor caso. Un anarquista mental como él nunca se había podido tomar en serio el *prusés* y esas cosas se pagan.

Cuando le conocí, allá por el Pleistoceno, el hombre se dedicaba al humor gráfico y Tom no era un diminutivo de Tomás: se dejaba la i de Toni en sus chistes y se leía Tom. Así que como Tom se quedó. La primera imagen que guardo de él es de un concierto —no recuerdo el lugar ni el grupo— en el que lo vi con su melena rizada y en compañía de dos chicas muy guapas. Debió ser a principios de los setenta, cuando al hombre le había caído la cabecera de una vieja revista de humor, *Mata Ratos*, y la había convertido —antes del *Star*— en una avanzadilla del *underground* local (ahí publicó el gran Max sus primeras cosas). No tardó mucho en formar pareja cómica y profesional con Carlos Romeu y en embarcarse ambos en innumerables iniciativas editoriales. No recuerdo cómo le conocí, pero sí que no nos quitamos mutuamente de encima hasta que le dio el ictus que se lo llevó al otro barrio (Romeu lleva más de veinte años hecho caldo, pero, a este paso, nos va a enterrar a todos).

Tom me permitió escribir en *Nacional Show* e *Histeria*, dos revistas tan interesantes como de corta vida, y me presentó a Perich y a más gente. No me llevaba muchos años, pero se había movido más. A los 15 años, tras obtener el preceptivo permiso parental, se fue a París en plena revolución de mayo del 68 —si es que a aquello se le podía considerar como tal—, luego se largó a Londres, fue de los primeros *hippies* barceloneses y, cuando se cansó de dibujar, se pasó a la producción televisiva, con largas estancias en Madrid y sucesivas idas y venidas de TV3. Él lo cuenta todo en su autobiografía *Mi puta vida* (Astiberri, 2015), estimulante mezcla de textos y dibujos (la de Romeu, en esa misma editorial, tampoco tiene desperdicio).

Creo que cuando más lo traté, de todos modos, fue durante sus últimos años, cuando intentaba levantar proyectos que casi nunca salían y consideraba el seudotrabajo en TV3 como un castigo divino. Remunerado, pero castigo a la postre: no se trata así a alguien que te ha dejado a las puertas del Oscar. Cuando quedábamos a comer en una terraza de la rambla de Cataluña, el hombre venía en plan A o en plan B. Con el plan A, bebía Coca-Cola, me hablaba de un proyecto que iba a salir seguro y nos reíamos de lo lindo. Con el plan B, se apretaba media docena de cervezas, lo veía todo muy negro y aburrido y parecía cargar a solas con el peso del mundo.

En esa época me presentó a su amigo y socio Jaume Vilalta, productor audiovisual, y tratamos de levantar, sin éxito, un proyecto mío que primero fue un largometraje, luego una *sitcom* y,

al final, nada de nada. Lo notaba cansado, pero eso es común entre la gente de nuestra edad, y lo del ictus me pilló totalmente por
sorpresa. La imagen del melenudo de los años setenta mutó en la
del grandullón de pelo corto y pendientes en la oreja izquierda que
atravesaba la vida siempre con chupa de cuero y gafas de sol, tanto
en invierno como en verano (yo creo que era isotérmico). Inter-
pretó varios papeles a lo largo de su existencia —*hippy*, dibujante
de chistes, viajero infatigable, guionista y productor televisivo—,
y todos con la misma elegancia y profesionalidad.

Cuando la diñó, como no sabía a quién darle el pésame (nunca
conocí a su hija), llamé a Romeu, quien me informó de que, desde
la última vez que nos habíamos visto, había pasado por el quiró-
fano tres veces. Lloramos un rato a nuestro amigo y me despedí
de él con una muestra de humor siniestro: «Te dije que nos ente-
rrarías a todos, Charlie. Un último esfuerzo: Ya solo quedo yo».

EL NIÑO DE LA FOTO

Dominick Dunne escribió sobre Los Ángeles un libro titulado *Another city, not my own* (*Otra ciudad, no la mía*). Yo podría escribir otro con el mismo título sobre mi propia ciudad, Barcelona. De hecho, ya lo he escrito. Llevo casi dos años haciéndolo en *Letra Global* con esta serie que hoy acaba y en la que solo aparecen muertos y lugares y cosas que ya no existen. Hoy me toca hablar brevemente de un aspirante a difunto que soy yo mismo, alguien que ha nacido y vivido casi siempre en Barcelona, pero que ya no acaba de reconocer su entorno y al que si le preguntan por el sitio en que vino al mundo es muy capaz de declarar que se siente en *Another city, not my own*.

Puede que la sensación tenga que ver con la edad. En 2021 cumplo esos 65 años que a uno lo acreditan como jubilado o, según los gringos, siempre tan pulcros, *senior citizen*. Es el año en el que, a falta de jubilarme porque me gusta lo que hago y, sobre todo, porque tengo la mala costumbre de comer cada día, pienso dimitir de mis deberes como ciudadano, *senior* o no, y dejar de votar. Por ejemplo. Si hay una edad mínima para hacerlo, también debería haber una edad máxima: los 65 me parecen un momento muy adecuado.

Es una buena edad para reconocer que las historias de amor con las ciudades, al igual que las que tienen lugar entre seres humanos, también se terminan. Yo he querido mucho a Barcelona, pero ya no. Vivo aquí por inercia, porque ocupo un apartamento en el centro cuyo alquiler puedo afrontar, porque aquí viven casi todos los amigos que me quedan y un par de exnovias que me tienen cariño, porque ni sé a dónde irme ni tengo ganas de trasladarme a ningún lugar en concreto. No me cae bien la alcaldesa. No me caen bien los gobernantes regionales (ni los nacionales, pero eso supera la ambición narrativa de este proyecto). No tengo la esperanza, que sí tuve de joven, de que Barcelona se convirtiera en una de las ciudades más interesantes de Europa y la más estimulante de España. Para mí, lo que me rodea es un decorado más o menos agradable por el que deambular, aunque no se represente en él ninguna obra que me interese presenciar o en la que quiera participar.

Ya no tengo la sensación de que Barcelona sea mi ciudad. Camino por la calle y no la encuentro. Para disfrutarla debo refugiarme en las viejas fotos en blanco y negro —para mí, mi ciudad es en blanco y negro— de Català Roca, Miserachs, Colom o los Pérez de Rozas. La Barcelona de las fotos me resulta más real que la que me rodea. Y a veces me encuentro a mí mismo en alguna de esas fotos, gracias a la presencia de un niño que tenía exactamente la misma edad que yo cuando lo inmortalizó el fotógrafo. Tal vez por eso me paso la vida comprando libros sobre la ciudad del pasado, mientras me abstengo de adquirir los que hacen referencia a la del presente. Supongo que me he convertido en un viejo. Mientras el cerebro me funcione, seguiré escribiendo, en todos los registros que pueda, porque no sé hacer otra cosa y porque, sorprendentemente, de esa manera he conseguido llegar hasta hoy comiendo tres veces al día y permitiéndome algunas alegrías. Viajar me aburre y quedan atrás los tiempos en que era capaz de subirme al primer avión que me llevara a cualquier parte. París y Nueva

York, dos grandes y sucesivos amores, también quedan atrás y no necesito volver a ellos, aunque fui muy feliz allí en diferentes momentos de mi vida. A veces imagino que, a lo Josep Pla, me refugio en algún pueblo junto al mar y allí acabo mis días, entre las ruinas de mi inteligencia —como diría Gil de Biedma—, pero dudo mucho que lo haga: creo que estoy condenado a reventar ante el ordenador del salón de mi apartamento o durante un paseo por el Ensanche, mi barrio de toda la vida. Hasta he escrito la frase para mi tumba: «No negaré que ha habido buenos momentos, pero la verdad es que no os habéis matado».